JN060029

消費税入門
の入門

公認会計士 辻　　敢

税　理　士 本田　望 共著

税　理　士 齋藤雅俊

税務研究会出版局

は　し　が　き

　ここに、消費税の本当の入門書をお送りいたします。

　題して、「消費税　入門の入門」といたします。

　「消費税　入門」ではないことに、じつは、ご注目いただきたいのです。

　消費税の入門書は、すでに、ずいぶんたくさん出版されております。

　いずれも、すぐれた入門書です。

　そこで、私達は、あえて、入門の入門書を書きました。

　この本では、特に、実務家のみなさんのために、

　　　　消費税の基本的なしくみ

　　　　消費税がかかる取引、かからない取引

　　　　消費税の実務上の問題点

　　　　消費税の会計処理

　　　　特殊な取引と消費税

　　　　消費税の申告、納付・還付の手続

について、最新の取扱いにもとづいて、説明いたしております。

　　読者のみなさん。

　　とにかく、最後まで、読んでみてください。

　　最後まで読んでいただければ、消費税の基本的なしくみと考え方を、
きっと、ご理解いただけると、じつは、ひそかに確信しているのです。

平成 4 年 4 月

公認会計士　辻　　　敢

税　理　士　本　田　　望

税　理　士　齋　藤　雅　俊

改訂三版発行にあたって

　今回、改訂三版発行にあたって、税法の改正にともなう必要な改訂をすべて行ない、内容を最新のものといたしました。

平成11年 1 月20日

改訂三版第 5 刷発行にあたって

　今回、改訂三版第 5 刷発行にあたって、第15章に「消費税の対象となる科目・ならない科目」を収録しました。

　消費税の対象となる科目を、貸借対照表や損益計算書に従って分類し、表形式で整理いたしました。

　どのような科目に消費税が関係しているのかが一覧できることによって、読者のみなさんの理解の一助になればと考えました。ご活用ください。

平成13年 2 月26日

改訂四版発行にあたって

　今回、改訂四版発行にあたって、税法の改正にともなう必要な改訂をすべて行ない、内容を最新のものといたしました。

平成15年 9 月

改訂五版発行にあたって

今回、改訂五版発行にあたって、平成15年度の改正により記載していた経過措置等を整理・削除し、必要な改訂をすべて行い、内容を最新のものといたしました。

平成18年5月

改訂六版発行にあたって

平成18年に改訂五版を発行して、早5年が経過しました。

改訂六版の発行にあたっては、その間の消費税法の改正にともない必要となった改訂をすべて行い、最新の内容にいたしました。

平成23年10月

改訂七版発行にあたって

平成23年に改訂六版を発行して、2年が経過しました。

その後、平成24年には消費税法が改正され、平成26年4月以降、税率が段階的に引き上げられることになりました。

改訂七版の発行にあたっては、必要なすべての改訂を行い、最新の内容にいたしました。

平成25年11月

改訂八版発行にあたって

平成25年に改訂七版を発行して、4年が経過しました。

その間、消費税法等が改正され消費税率引き上げられ、簡易課税制度のみなし仕入率の見直し等が行われました。

改訂八版の発行にあたっては、必要となった改訂をすべて行い平成29年4月現在の最新の内容にいたしました。

　なお、平成31年10月以降の取引から、税率の引上げや軽減税率の導入が行われますが、それについての説明は割愛しました。

　　平成29年6月

改訂九版発行にあたって

　令和元年10月1日以降、消費税率が10％に引き上げられ、消費税施行以来初めて複数税率が適用されます。

　食品等の譲渡に対する軽減税率8％の適用です。

　今回の改訂では、この改正を主要な事項として必要となった改訂を全て行い、令和元年10月現在の最新の内容にいたします。

　また、令和5年10月以降の取引から適格請求書等保存方式の適用が予定されていますので、その説明もいたします。

　　令和元年8月

改訂十版発行にあたって

　令和5年10月から、仕入税額控除の方式として、いわゆるインボイス制度（正式には、「適格請求書等保存方式」といいます。）がスタートしました。

　それに伴い、新たな取扱いも追加されました。

　今回の改訂では、これらに対応し最新の内容にいたしました。

　　令和6年1月

目　　　次

第1章　消費税の仕組み

第2章　消費税の課税対象取引

第3章　非課税取引・輸出免税取引

第4章　消費税の納税義務者

第5章　消費税の課税時期

第6章　課税標準額と課税標準額に対する消費税額

第9章　課税仕入とは

第10章　簡易課税制度とは

第11章　消費税を計算する期間は

第12章　申告と納付はどこにするのか

第13章　申告と納付はどうすればよいのか

第14章　消費税等の会計処理とは

第15章　消費税等の対象となる科目・ならない科目

〔**参考資料**〕

第1章

消費税の仕組み

1 どのような仕組みの税金か

（1） 基本的な仕組み

消費税は、物品やサービスの消費に着目し、課税する税金です。

そのため、消費税を実質的に負担する者は、最終の消費者です。

しかし、消費税を納めるのは、消費者ではありません。

税金には、その税金を実質的に負担する者と納める者が同一者である直接税と、負担者と納税者が異なる間接税があります。

所得税や法人税は、直接税です。

それに対して、**消費税は、間接税**です。

その仕組みを、税率10％と仮定し、つぎの事例で確認してみましょう。

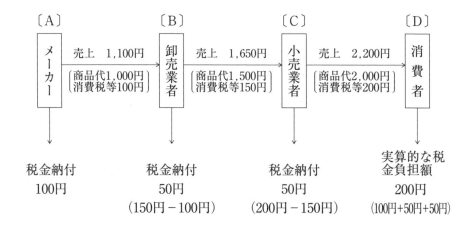

メーカーのＡが卸売業者のＢに商品を1,000円で販売する取引は、消費

税の課税対象取引です。

　商品の価格に消費税100円を上乗せし、1,100円で販売します。

　消費税は間接税です。

　Bから消費税100円を預ったAに、消費税100円の納税義務が生じます。

　このように、**商品の価格に税金を上乗せし、取引の相手に負担させるこ**とを、

　　　　　税の転嫁

といいます。

　税が転嫁されることによって、納税する者と実質的に負担する者が異なることになります。

　卸売業者のBが小売業者のCに、商品を1,500円で販売するときも同様です。

　BがCに商品を1,500円で販売する取引は、消費税の課税対象取引です。

　消費税150円を上乗せし、1,650円で販売します。

　Cから消費税150円を預ったBに、消費税の納税義務が生じます。

　Bの納税額は、Aから転嫁された消費税100円を差し引いた50円です。

　差し引かずに納税すると、Aから転嫁された消費税100円を、実質的にBが負担することになり、間接税としての仕組みが崩れてしまいます。

　転嫁した消費税から転嫁された消費税（仕入税額といいます。）を差し引いて納税する仕組みを、

　　　　　仕入税額控除

といいます。

　消費税を間接税方式で課税するために必要不可欠な仕組みが、税の転嫁と仕入税額控除です。

　小売業者のCが消費者のDに、商品を2,000円で販売するときも同様です。

　Cは200円の消費税をDに転嫁します。

　Cの納税額は、Bから転嫁された消費税（控除対象仕入税額）150円を差し引いた50円です。

　Dは、消費税がなければ2,000円で購入できた商品を、消費税が転嫁されたことによって2,200円で購入することになります。

　転嫁された200円の消費税は、誰にも転嫁できません。

　Dは、200円の消費税を自ら納税しているわけではありませんが、実質的な負担者になります。

　消費税と同じ仕組みの税金が、現在、世界の多くの国で導入されています。

　この仕組みで課税する税金を、一般的に、**付加価値税**といいます。

　日本国において付加価値税の仕組みで課税されている税金が、消費税です。

（2）　適格請求書等保存方式（インボイス制度）とは

　令和5年10月1日から、仕入税額控除の方式として、**適格請求書等保存方式**（いわゆる「インボイス制度」）が導入されました。

　適格請求書等保存方式では、取引の相手方から「適格請求書」の交付を

受け保存していることが、仕入税額控除の要件となります。

　適格請求書は、税務署に「**適格請求書発行事業者**」として登録した事業者でなければ発行できません。

　適格請求書発行事業者の登録をしていない者との取引は、仕入税額控除を適用することができません（詳しくは第8章を参照）。

2　どのような取引が消費税の課税対象となるか

（1）　国内取引、輸入取引

消費税は、国内での物品やサービスの消費に対して、広く負担を求める間接税です。

　そのため、**国内で行われる物品の販売や貸付け、役務（サービス）の提供**が、**課税対象取引**となります。

　先の事例で確認したように、取引の各段階でそれぞれの取引金額に対して課税されます。

　さらに、国内で生産された物品を消費するケースと輸入された物品を消費するケースで、物品の価格に課税の有無による違いが生じないよう、**物品の輸入も、消費税の課税対象取引**となります。

　したがって、消費税の課税対象取引は、つぎの2つに区分されます。
① 　**国内取引** —— 国内で行われる①資産の譲渡、②資産の貸付け、③役務の提供（資産の譲渡等といいます。）
② 　**輸入取引** —— 物品の輸入

なお、国外で行われる取引は、消費税の課税対象ではありません。

（2）　国内取引のうちの非課税取引

国内取引のなかには、

①　消費に負担を求める消費税の性格から課税対象にするのがなじまないものや、

②　社会政策上の配慮にもとづいて、消費税の課税対象から除外されるもの

があります。

これを**非課税取引**といいます。

（3）　国内取引のうちの輸出免税取引

消費税は、国内での物品や役務（サービス）の消費に着目し、課税される間接税です。

そこで、国内取引（国内で行われる資産の譲渡等）が課税対象取引とされています。

輸出される物品は、海外で消費されます。

したがって、輸出取引は、消費税の課税対象から除外されるべきです。

しかし、輸出取引は課税対象外ではありません。

輸出免税という取扱いを適用します。

輸出免税とは、輸出取引を頭から課税の対象外とするのではなく、

課税対象取引としたうえで税率０％を適用することによって、

結果的に課税の対象外とする措置です。

　輸出取引を頭から課税の対象外として取り扱うのと、輸出免税として取り扱うのとでどのような違いが生じるか、つぎの事例で確認してみましょう。

原材料の仕入など		売　　上		輸　　出
仕入など　1,000円	Aメーカー	商品代　2,000円	B輸出業者	商品代　3,000円
消費税等　　100円		消費税等　200円		消費税等　　0円

　輸出取引を頭から課税の対象外としてしまうと、輸出業者のBは、メーカーのAから転嫁された消費税の実質的な負担者となってしまいます。

　なぜなら、消費税が課税されない取引に対応する仕入税額は、控除できないからです。

　それに対して、輸出取引を税率0％の課税取引とすると、Aから転嫁された消費税は、仕入税額控除の対象となります。

　輸出先から預った消費税ゼロ、Aから転嫁された消費税200で、控除しきれない仕入税額200円は、還付されます。

　輸出取引は、**輸出業者が仕入税額の実質的な負担者とならぬよう、税率0％が適用される課税対象取引**です。

国内取引	課税の対象となる取引	輸出免税取引	税率0％の適用で、結果的には、消費税は課税されない
		輸出免税取引以外の課税取引（狭義の国内取引）	
	課税の対象とならない取引	非課税取引	

3 消費税は誰が納める

(1) 国 内 取 引

国内取引については、

事業者

が納税義務者になります。

事業者とは、

会社などの法人と

事業を行う個人（個人事業者）

のことです。

個人事業者は、事業者の立場と消費者の立場を合わせもっています。

事業者の立場で行う取引のみが課税対象で、納税義務者となります。

(2) 輸 入 取 引

輸入取引については、

物品を輸入した者

が納税義務者となります。

物品を輸入した者であれば、事業者でなくても（例えば、個人輸入を行った消費者などでも）、納税義務者となります。

4 消費税の税率は

（1） 税 率

いわゆる消費税は、国が課税する**消費税**と都道府県が課税する**地方消費税**で構成されています。

消費税と地方消費税をあわせて、通常、**消費税等**といいます。

消費税等の税率は従来単一税率でしたが、**令和元年10月 1 日から複数税率（標準税率と軽減税率）**になりました。

軽減税率は、飲食料品（酒類と外食は除かれます。）などに適用されます。

適用時期／区分	令和元年 9 月30日以前	令和元年10月 1 日以降	
		標準税率	軽減税率
消費税率	6.3%	7.8%	6.24%
地方消費税率	1.7%（消費税額の $\frac{17}{63}$）	2.2%（消費税額の $\frac{22}{78}$）	1.76%（消費税額の $\frac{22}{78}$）
合計	8.0%	10.0%	8.0%

※ 消費税額と地方消費税額の合計額（消費税額等といいます。）に占める消費税額の割合
令和元年 9 月30日以前 —— 78.75%
令和元年10月 1 日以降 —— 78%

消費税等の納税義務者は、「消費税及び地方消費税の申告書」を国（所轄の税務署長）に提出し、国に納付します。

（2） 軽 減 税 率

① 対 象 品 目

軽減税率の対象品目は、つぎの㋑および㋺です。

㋑ 飲食料品（酒類、外食を除く。）
㋺ 週2回以上発行される新聞（定期購読契約にもとづくもの）

② 飲食料品の範囲

軽減税率の対象となる飲食料品とは、**食品表示法に規定する食品（酒類と外食を除きます。）をいい、一定の一体資産を含みます。**

- 食品表示法に規定する食品

  人の飲用または食用に供されるすべての飲食物をいいます。

  したがって、医薬品などは除かれ、食品衛生法に規定する添加物は含まれます。

- 一体資産

  おもちゃ付きのお菓子などのように、食品と食品以外の資産があらかじめ一体となっている資産で、価格が全体で設定されているものをいいます。

　　一体資産のうち、税抜価額が1万円以下で、かつ、食品の価額の
占める割合が3分の2以上の場合、その全体が軽減税率の対象とな
ります。

　外食やケータリング等は、軽減税率の対象になりません。
　外食という行為には、飲食料品を単に提供するだけではなく、飲食する
ための場所を提供する行為が含まれています。
　そのため、外食は軽減税率の対象になりません。

　また、ケータリングという行為には、相手方が指定した場所で調理や給
仕などを行う行為が含まれます。
　そのため、ケータリング等も軽減税率の対象になりません。

　それに対し、テイクアウトは、飲食料品の単なる譲渡であり、軽減税率
の対象となります。

　単に飲食料品を届けるだけの出前や宅配なども、軽減税率の対象となり
ます。

5 納める税額はどのように計算するか

（1） 納付税額の計算方式

　消費税の納税額は、基本的には、取引の相手方から預かった消費税額（売上税額）から取引の相手方に支払った消費税額（仕入税額）を差し引いた額になります。

　売上税額の計算方式として、

　　　　① 割戻し計算方式（原則方式）

　　　　② 積上げ計算方式

の2つの方式があります。

　また、仕入税額の計算方式にも、

　　　　① 割戻し計算方式

　　　　② 積上げ計算方式

の2つの方式があります。

　割戻し計算方式とは、税抜経理（個々の取引の都度、本体価額と消費税額等に区別して経理する方式）を行っていても、適用税率ごとに本体価額と消費税額等を再度集計し、その集計額から割り戻して計算する方式です。

　積上げ計算方式とは、適格請求書に記載されている消費税額等を積み上げて計算する方式です。

　ただし、仕入税額の積上げ計算の方法として、課税仕入れの都度、課税仕入れにかかる支払対価の額に$\frac{10}{110}$（軽減税率の場合は$\frac{8}{108}$）を掛けて算出

した金額（1円未満の端数は、切捨て又は四捨五入します。）を仮払消費税額等として帳簿に記載している場合は、仮払消費税額等の合計額に$\frac{78}{100}$を掛けて算出する方法（「**帳簿積上げ計算**」といいます。）も認められています。

（2）　計算方式の組合せ

①　売上税額を割戻し計算方式（原則方式）で計算する場合

　　仕入税額の計算方式としては、2つの方式（割戻し計算方式と積上げ計算方式）のいずれも選択可能です。

②　売上税額を積上げ計算方式で計算する場合

　　仕入税額の計算方式としては、積上げ計算方式のみ選択可能です。

（3）　割戻し計算方式による納付税額の計算過程

税率ごとに区分して計算します（計算例は第6章の2、第8章の5を参照）。

①　消費税の課税標準額の計算

課税標準額とは、税額を計算する基礎となる金額で、原則として、つぎの算式で計算されます。

（標準税率適用分）

$$\boxed{\begin{array}{c}①Ⓐ課税標準額\\(1,000円未満の端数切捨て)\end{array}} = \boxed{\begin{array}{c}標準税率で消費税が課\\税される取引の消費税\\額等込みの金額　（注）\end{array}} \times \frac{100}{110}$$

　（注）　税率０％が適用される輸出取引は、含まれません。

　　　　損益計算書の売上に計上される取引だけではなく、営業外の取引や

　　　　固定資産の売却取引なども含まれます。

（軽減税率適用分）

$$\boxed{\begin{array}{c}①Ⓑ課税標準額\\(1,000円未満の端数切捨て)\end{array}} = \boxed{\begin{array}{c}軽減税率で消費税が課\\税される取引の消費税\\額等込みの金額\end{array}} \times \frac{100}{108}$$

$$\boxed{①Ⓒ課税標準額} = \boxed{①Ⓐ} + \boxed{①Ⓑ}$$

②　課税標準額に対する消費税額の計算

原則として、つぎの算式で計算されます。

（標準税率適用分）

$$\boxed{\begin{array}{c}②Ⓐ課税標準額に対する\\消費税額\end{array}} = \boxed{課税標準額①Ⓐ} \times \frac{7.8}{100}$$

（軽減税率適用分）

$$\boxed{\begin{array}{c}②Ⓑ課税標準額に対する\\消費税額\end{array}} = \boxed{課税標準額①Ⓑ} \times \frac{6.24}{100}$$

$$\boxed{\text{②Ⓒ課税標準額に対する} \atop \text{消費税額}} = \boxed{\text{②Ⓐ}} + \boxed{\text{②Ⓑ}}$$

③　控除対象仕入税額の計算

原則として、つぎの算式で計算されます。

（標準税率適用分）

$$\boxed{\text{③Ⓐ控除対象仕入税額}} = \boxed{\text{課税仕入にかかる税} \atop \text{込み対価の額　（注）}} \times \frac{7.8}{110}$$

（注）　課税仕入とは、事業者が、事業として他の者から①資産の譲受け、②資産の借受け、③役務の提供を受けることです。

　　　　したがって、①いわゆる商品などの仕入取引だけではなく、②固定資産の購入取引、③販売費および一般管理費に計上される費用の発生取引なども含まれます。

（軽減税率適用分）

$$\boxed{\text{③Ⓑ控除対象仕入税額}} = \boxed{\text{課税仕入にかかる税} \atop \text{込み対価の額}} \times \frac{6.24}{108}$$

$$\boxed{\text{③Ⓒ控除対象仕入税額}} = \boxed{\text{③Ⓐ}} + \boxed{\text{③Ⓑ}}$$

④　消費税額（差引税額）の計算

原則として、つぎの算式で計算されます。

（標準税率適用分）

④Ⓐ消費税額	=	課税標準額に対する 消費税額②Ⓐ	−	控除対象仕入税額 ③Ⓐ

（軽減税率適用分）

④Ⓑ消費税額	=	課税標準額に対する 消費税額②Ⓑ	−	控除対象仕入税額 ③Ⓑ

④Ⓒ消費税額 （100円未満の端数切捨て）	=	④Ⓐ	+	④Ⓑ

⑤　地方消費税額の計算

つぎの算式で計算されます。

地方消費税額 （100円未満の端数切捨て）	=	消費税額（差引税額） ④Ⓒ	$\times \dfrac{22}{78}$ **（注）**

 （注） 令和元年10月1日以降は、消費税額等に占める消費税額の割合は、標準税率適用分も、軽減税率適用分も、78％です。

（4）　積上げ計算方式による納付税額の計算過程

税率ごとに区分して計算します（第6章の**3**、第8章の**5**参照）。

①　消費税の課税標準額の計算

課税標準額とは、税額を計算する基礎となる金額で、原則として、つぎの算式で計算されます。

（標準税率適用分）

①Ⓐ課税標準額 (1,000円未満の端数切捨て)	=	標準税率で消費税が課税される取引の消費税額等込みの金額の積上げ合計額　（注）	−	適格請求書の消費税額等の積上げ合計額

（注）　税率0％が適用される輸出取引は、含まれません。

　　　　損益計算書の売上に計上される取引だけではなく、営業外の取引や固定資産の売却取引なども含まれます。

（軽減税率適用分）

①Ⓑ課税標準額 (1,000円未満の端数切捨て)	=	軽減税率で消費税が課税される取引の消費税額等込みの金額の積上げ合計額	−	適格請求書の消費税額等の積上げ合計額

①Ⓒ課税標準額	=	①Ⓐ	+	①Ⓑ

② 課税標準額に対する消費税額の計算

原則として、つぎの算式で計算されます。

（標準税率適用分）

$$
\boxed{\begin{array}{c}②Ⓐ課税標準額に対する\\消費税額\end{array}} = \boxed{\begin{array}{c}適格請求書に記載\\された消費税額等\\の積上げ合計額\end{array}} \times \frac{78}{100}
$$

（軽減税率適用分）

$$
\boxed{\begin{array}{c}②Ⓑ課税標準額に対する\\消費税額\end{array}} = \boxed{\begin{array}{c}適格請求書に記載\\された消費税額等\\の積上げ合計額\end{array}} \times \frac{78}{100}
$$

$$
\boxed{\begin{array}{c}②Ⓒ課税標準額に対する\\消費税額\end{array}} = \boxed{②Ⓐ} + \boxed{②Ⓑ}
$$

③ 控除対象仕入税額の計算

原則として、つぎの算式で計算されます。

（標準税率適用分）

$$
\boxed{③Ⓐ控除対象仕入税額} = \boxed{\begin{array}{c}適格請求書に記載された消費\\税額等の積上げ合計額　（注）\end{array}} \times \frac{78}{100}
$$

（注） 条件を満たせば、「帳簿積上げ計算」も認められます。

（軽減税率適用分）

$$\boxed{③⑧控除対象仕入税額} = \boxed{\begin{array}{c}適格請求書に記載された消費\\税額等の積上げ合計額　（注）\end{array}} \times \frac{78}{100}$$

（注）　条件を満たせば、「帳簿積上げ計算」も認められます。

$$\boxed{③ⓒ控除対象仕入税額} = \boxed{③⑧} + \boxed{③⑧}$$

④　消費税額（差引税額）の計算

原則として、つぎの算式で計算されます。

（標準税率適用分）

$$\boxed{④⑧消費税額} = \boxed{\begin{array}{c}課税標準額に対する\\消費税額②⑧\end{array}} - \boxed{\begin{array}{c}控除対象仕入税額\\③⑧\end{array}}$$

（軽減税率適用分）

$$\boxed{④⑧消費税額} = \boxed{\begin{array}{c}課税標準額に対する\\消費税額②⑧\end{array}} - \boxed{\begin{array}{c}控除対象仕入税額\\③⑧\end{array}}$$

$$\boxed{\begin{array}{c}④ⓒ消費税額\\（100円未満の端数切捨て）\end{array}} = \boxed{④⑧} + \boxed{④⑧}$$

⑤　地方消費税額の計算

つぎの算式で計算されます。

$$\boxed{\begin{array}{c} \text{地方消費税額} \\ \text{（100円未満の端数切捨て）} \end{array}} = \boxed{\begin{array}{c} \text{消費税額（差引税額）} \\ \text{④C} \end{array}} \times \frac{22}{78} \text{（注）}$$

（注）　令和元年10月1日以降は、消費税額等に占める消費税額の割合は、標準税率適用分も、軽減税率適用分も、78％です。

6　控除対象仕入税額の計算に関する特例

⑴　簡 易 課 税

　控除対象仕入税額の計算は、上記5③で説明したように、その課税期間中の課税仕入にかかる税込み対価の額を標準税率適用分と軽減税率適用分とに区分し、標準税率適用分には$\frac{7.8}{110}$、軽減税率適用分には$\frac{6.24}{108}$を乗じて計算するのが原則です（**原則課税**とか**一般課税**といいます。）。

　ただし、**中小の事業者に対しては、課税仕入にかかる税込み対価の額を集計する際に生じる事務負担に配慮して、特例計算の選択適用が認められ**ます。
　控除対象仕入税額の計算に関する特例のことを、

　　　　簡易課税

といいます。

　簡易課税では、控除対象仕入税額を、課税仕入にかかる税込み対価の額からではなく、**課税標準に対する消費税額から計算します。**

　複数税率制度のもとでは、税率ごとに区分して、つぎの算式で計算します。

$$\boxed{控除対象仕入税額} = \boxed{課税標準に対する消費税額} \times \boxed{みなし仕入率（注）}$$

- **（注）**　事業者の営む事業を、第一種事業から第六種事業に区分し、原則として、それぞれの事業ごとにみなし仕入率を適用します。

　　　　第一種事業（卸売業）—— 90％
　　　　第二種事業（小売業等）—— 80％
　　　　第三種事業（製造業等）—— 70％
　　　　第四種事業（第一種、第二種、第三種、第五種、第六種以外の事業、例えば飲食店業）—— 60％
　　　　第五種事業（運輸通信業、金融・保険業、サービス業（飲食店業を除く））—— 50％
　　　　第六種事業（不動産業）—— 40％

- **（注）**　みなし仕入率については、第10章 2 および 5 を参照。

簡易課税は、

- ・**適用を選択した事業者の**
- ・**基準期間の課税売上高が5,000万円以下の課税期間**

に適用されます。

（2）小規模事業者の特例（2割特例）

適格請求書等保存方式を機に、

免税事業者から適格請求書発行事業者として課税事業者になった者

に適用される特例です（119ページ参照）。

令和 5 年10月 1 日から令和 8 年 9 月30日までの日の属する各課税期間に適用されます。

この特例を適用すると、売上税額の80％相当額が控除対象仕入税額となります。

　この特例の適用を受けるには、確定申告書に2割特例の適用を受ける旨を付記すればよく、事前の届出は不要です。

　また、簡易課税制度選択届出書を提出している事業者であっても、2割特例により申告することができます。

　簡易課税制度と異なり、2年間継続して適用するといった要件もありません。

7　消費税の総額表示

　事業者が、一般の消費者に対して、商品の販売やサービスの提供などの取引を行う場合（いわゆる**小売段階**）には、**消費税額を含めた価格を表示すること**が求められています（**総額表示義務**といいます。）。

　総額表示とは、例えば、つぎに掲げるような表示をいい、消費税額を含む総額が表示されていれば、あわせて、「消費税額」や「税抜価格」を表示しても差し支えありません。

《表示例》（税率10％の場合）
　11,000円
　11,000円（税込）
　11,000円（税抜価格10,000円）
　11,000円（うち消費税額等1,000円）
　11,000円（税抜価格10,000円、消費税額等1,000円）

　対象となる価格表示は、商品に添付する値札等による表示、店頭における表示、チラシ広告などです。
　消費者に対して行う価格表示であれば、それがどのような表示媒体により行われるものであるかを問わず、総額表示義務の対象です。

　また、複数税率制度のもとではイートインスペースがある小売事業者が飲食料品（酒類を除きます。）を販売する際、客が店内で飲食せず持ち帰

る場合には軽減税率を適用し、店内で飲食する場合は、外食に該当するため標準税率を適用します。

　そのため、同じ飲食料品に適用される消費税率が異なることになります。

　その際の価格表示例として、つぎのような表示が認められます。

《表示例》

　①　持ち帰りと店内飲食両方の税込価格を表示

　　　　持ち帰り216円、店内飲食220円

　②　店内掲示等を行うことを前提に、どちらか一方のみの税込価格を表示

　　　　・店内掲示──店内で飲食される場合、価格が異なります。

　　　　・216円

　③　持ち帰りと店内飲食の税込価格を統一

　　　　・216円

　総額表示は、事業者が一般消費者に対して商品の販売などを行う場合の義務です。

　したがって、他の事業者への販売など（事業者間の取引）には適用されません。

ま　と　め

1. 消費税は、消費一般に広く課税する税金である。

2. 消費税は、間接税で、税の転嫁と仕入税額控除が、仕組みのポイントである。

3. 国内取引と輸入取引が課税対象である。

4. 国内取引では、資産の譲渡や貸付け、サービスの提供に対して課税される。

5. ただし、資産の譲渡等に該当しても、消費税の性格や社会政策的な配慮から、一部非課税とされている。

6. 国内取引のうち輸出取引には、輸出免税が適用される。

7. 国内取引の納税義務者は、事業者である。

　　ただし、一定規模以下の事業者は、納税義務が免除される。

8. 消費税等の税率には、標準税率と軽減税率がある。

9. 消費税等の標準税率は、10％（消費税率7.8％、地方消費税率2.2％）である。

10. 消費税等の軽減税率は、8％（消費税率6.24％、地方消費税率1.76％）である。

11. 消費税の納付税額は、売上にかかる消費税額から、仕入にかかる消費税額をマイナスして計算する。

　　このことを、仕入税額控除という。

12. 納付税額を簡単に計算する方法として簡易課税という制度がある。

　　適用を選択した事業者の基準期間の課税売上高が5,000万円以下の課税期間に適用される。

第2章

消費税の課税対象取引

1　消費税の課税対象取引

　第1章で、国内取引と輸入取引が消費税の課税対象取引であることを勉強しました。

国内取引とは、

　　　　国内で行われる

　　　　①　資産の譲渡（**注1**）

　　　　②　資産の貸付け（**注2**）

　　　　③　サービスの提供（**注3**）

　　　　（以下、資産の譲渡等といいます。）などの取引

です。

　（注）1　資産には、棚卸資産や有形固定資産に限らず、商標権、特許権などの無形資産、その他取引の対象となるもののすべてが含まれます。

　　　　2　賃貸借契約などにより、資産を他の者に貸したり、使用させたりする一切の行為をいいます。

　　　　　　地上権などの権利を設定する行為も、資産の貸付けに含まれます。

　　　　3　請負契約、運送契約などにより、労務、便益、その他のサービスを提供することをいいます。

輸入取引とは、

　　　　物品を輸入する（保税地域から外国貨物を引き取る）取引

です。

　第2章では、国内取引と輸入取引について、もう少し詳しく勉強することにします。

2　消費税の課税対象となる国内取引とは

（1）　どのような条件を満たす取引が国内取引か

　つぎの４つの条件をすべて満たす取引が、消費税の課税対象となる国内取引です。

- ①　**国内において行うものであること**
- ②　**事業者が事業として行うものであること**
- ③　**対価を得て行うものであること**
- ④　**資産の譲渡、資産の貸付けまたはサービスの提供であること**

　ただし、これら４つの条件すべてを満たす取引のうち、つぎの２つの取引は、**課税上特別な取扱い**がされます。

	内　　　　　　容	取　扱　い	参　　照
⑦ 非課税取引	消費に負担を求める消費税の性格や社会政策的な配慮から、課税対象とすることが適当でない取引	**非 課 税**	詳しくは第３章を参照してください。
⑦ 輸出免税取引	物品やサービスが消費される国において消費税と同様の税が課税されるため、輸出される物品等については、税負担がかからないように調整をするのが国際的な慣行となっています。	**輸出免税**	詳しくは第３章を参照してください。

　つまり、①から④の条件を満たす取引が行われた場合には、その取引が非課税取引や輸出免税取引に該当しない限り、実際に消費税が課税されます。
　つぎに、①から③の条件について、もう少し詳しく勉強することにしましょう。

（2） 国内において行うものとは

消費税の課税対象となる取引は、国内において行われる取引です。

国外で行われる取引は、消費税の課税対象ではありません。

したがって、その取引が国内で行われた取引であるか、それとも国外で行われた取引であるかを正しく判定することが重要です。

判定基準は、取引の種類ごとに原則としてつぎのとおりです。

その場所が国内であれば国内取引となります。

取引の種類	判 定 基 準
資産の譲渡、貸付け	資産の譲渡や貸付けが行われる時に、**その資産が所在していた場所（注1）**
サービスの提供	サービスの**提供が行われた場所（注2）（注3）**

（注） 1 　船舶、航空機、特許権等の場合は、登録をした機関の所在地。

2 　運輸、通信その他国内と国外の双方にわたって行われる役務の提供の場合は、発送地や発信地・到着地や受信地のいずれかが国内であれば、国内取引になります。

3 　電気通信利用役務の提供（電気通信回線（インターネット等）を介して行われる電子書籍・広告の配信などの役務提供のこと）については、役務の提供を受ける者の住所等が国内であれば、国内取引になります。

（3）　事業者が事業として行うものとは

一般に事業者とは、自己の計算において独立して事業を行う者のことをいいます。

また、事業として行うとは、

　　　一定の目的をもって同種の行為を反復、継続、独立して行うことをいいます。

消費税で事業者とは、

　　会社などの法人と

　　個人事業者（例えば、事業をしている個人や医者、弁護士など）

です。

法　　　人	株式会社など
個人事業者	自己の計算において独立して事業を行う者が該当します。 したがって、**給与所得者**のように、他の者に従属し、かつ、他の者の計算により行われる事業にサービスを提供する者は**該当しません。**

個人事業者は、事業者の立場と消費者の立場を合わせもっており、そのうち事業者としての取引のみが消費税の対象となります。

	事業に該当する取引	事業に該当しない取引
法人	全取引 （そもそも事業活動を行う目的で設立されたものであるため）	なし
個人事業者	・反復、継続かつ独立して行われる資産の譲渡等 ・**事業の用に供している機械、自動車などの譲渡（事業活動に付随して行われる取引）**	・**個人事業者が行う家事用資産の譲渡**

（4） 対価を得て行うものとは

　対価を得て行うものとは、資産の譲渡等に対して**反対給付を受けること**をいいます。

　対価としては金銭を受け取るのが一般的ですが、つぎのようなケースも、対価を得て行うものに該当します。

対価を得て行うものに該当するケース
1　**代物弁済**による資産の譲渡（債務の弁済額が対価となる） 2　**負担付贈与**による資産の譲渡（引き継いでもらう負担が対価となる） 3　**現物出資**など

　したがって、**無償の取引は課税の対象とはなりません。**

　ただし、無償取引のうちつぎの2つのケースは、**対価を得て行う取引と**みなして、消費税の課税対象となります。
　①　**個人事業者が、棚卸資産や事業用資産を家事のために消費、使用す**
　　るケース
　②　**法人がその資産を役員に対して贈与するケース**
　なお、法人が役員に対して、資産の貸付けやサービスの提供を無償で行っても、対価を得て行う取引とはみなされません。

3 不課税取引とは

不課税取引とは、消費税の対象外の取引のことで、

① 消費税の対象となる国内取引に該当するための4条件のいずれかを満たさない取引

② 国外取引

が該当します。

国内取引の4条件はすべて満たしながら、非課税とされる取引や輸出免税取引は、不課税取引ではありません。

つぎの取引は、不課税取引です。

① 事業者に該当しない者が行う取引（個人事業者の家計に属する取引を含む。）

② 資産の譲渡等に該当するが、無償の取引

③ 資産の譲渡等に該当しない取引

④ 国外で行う取引（国外取引）

具体的には、つぎのような取引が、不課税取引に該当します。

不課税取引	理　由
サラリーマンの自家用車の売却	事業者が事業として行うものでない
試供品、見本品の無償提供	無償の取引である
事業者が広告宣伝や試験研究等に、自己の商品等を使用する行為	無償の取引である
配当金、出資の分配金	株主等の地位にもとづいて支払われるもので、資産の譲渡等に該当しない
保険金、共済金の受取	資産の譲渡等に該当しない
寄附金、見舞金、補助金など	資産の譲渡等に該当しない
損害賠償金	心身または資産に加えられた損害に対するもので、資産の譲渡等に該当しない
資産の廃棄、滅失、盗難	資産の譲渡等に該当しない
国外取引	国内において行われる取引ではない

4　消費税の対象となる輸入取引とは

　輸入取引とは、**保税地域から外国貨物を引き取る**ことで、**消費税の課税対象**となります。

　これは、国内で生産された物品と輸入された物品とで、物品の価格に課税の有無による違いが生じないようにするための仕組みです。

　消費税の課税対象となる国内取引は、4つの条件すべてを満たす取引です。

　他方、輸入取引にはこのような条件はありません。

　事業者には該当しない個人（例えば、個人輸入を行った消費者）の取引も、**消費税の課税対象**です。

5 課税取引、輸出免税取引、非課税取引、不課税取引

1から4の説明をまとめると、取引をつぎのように分類できます。

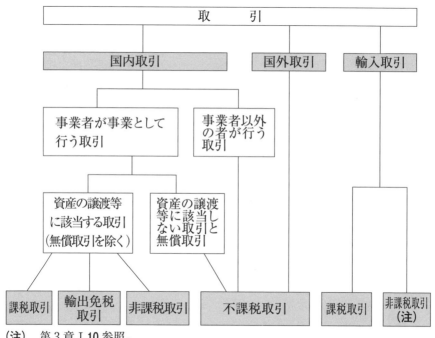

(注) 第3章Ⅰ10参照。

```
ま　と　め
```

1.　消費税の課税対象取引は、国内取引と輸入取引である。

2.　消費税の課税対象となる国内取引は、つぎの4条件をすべて満た
す取引である。

　① 　国内において行うものであること

　② 　事業者が事業として行うものであること

　③ 　対価を得て行うものであること

　④ 　資産の譲渡、貸付けまたはサービスの提供であること

3.　輸入取引は、保税地域から外国貨物を引き取ることである。

4.　国内取引のうち、消費に負担を求める消費税の性格や社会政策的
な配慮から、一定の取引は非課税とされている。

5.　輸出取引については、国際的な慣行から輸出免税という制度がと
られている。

　　輸出免税とは、税率0％で消費税を課税することである。

第 3 章

非課税取引・輸出免税取引

I 非課税取引

1 国内取引のうちの非課税取引

消費税は、その名のとおり、資産やサービスの消費に対して負担を求める税金です。

したがって、このような税の性格から考えて、課税の対象とすることになじまないものや、社会政策的な配慮から課税することが適当でないものは、非課税とされています。

非課税の範囲は、つぎのとおりです。

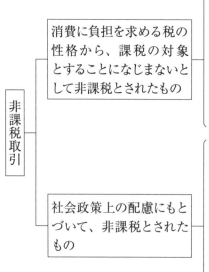

非課税取引

消費に負担を求める税の性格から、課税の対象とすることになじまないとして非課税とされたもの

1. 土地の譲渡、貸付け
2. 有価証券、支払手段の譲渡など
3. 利子を対価とする金銭の貸付け、保険料を対価とする役務の提供など
4. 郵便切手、印紙などの譲渡
5. 商品券、プリペイドカードなどの譲渡
6. 国、地方公共団体などの行政手数料など
7. 外国為替など

社会政策上の配慮にもとづいて、非課税とされたもの

1. 社会保険医療など
2. 介護保険法にもとづく居宅サービスなど
3. 社会福祉事業など
4. 助産
5. 埋葬料、火葬料
6. 身体障害者用物品の譲渡、貸付けなど
7. 学校などの授業料、入学金、施設設備費など
8. 教科用図書の譲渡
9. 住宅の貸付け

2 土地の譲渡および貸付け

(1) 土地の譲渡や貸付けにはなぜ消費税がかからないのか

土地の譲渡および貸付けは非課税取引です。

土地は消費されるものではないため、非課税です。

土地の上に存する権利も、土地に含まれます。

土地の範囲は、おおむねつぎのとおりです。

土地に含まれるもの	土地に含まれないもの
1. 地上権・賃借権・地役権・永小作権など 2. 宅地と一体として譲渡された庭木、石垣、庭園など	1. 鉱業権・土石採取権・温泉利用権など 2. 宅地と一体として譲渡された建物、建物附属設備など

(2) 1ヶ月未満の貸付けはどのように取り扱われるか

土地の貸付契約で、その貸付期間が1ヶ月未満と定められている場合は、非課税とはならず、課税対象です。

(3) 駐車場などはどのように取り扱われるか

駐車場、野球場、テニスコートなどの施設の貸付けは、土地の使用を伴ないますが、非課税とされる土地の貸付けからは除かれ、課税対象です。

ただし俗にいう青空駐車場のように、地面の整備やフェンス、区画、建

物の設置などをせず、車の管理などを一切行わない場合は、非課税の土地の貸付けに該当します。

（4） 建物の貸付けはどのように取り扱われるか

建物などの貸付けに伴って土地を使用させる場合は、その使用料をたとえ地代部分と家賃部分とに区分しても、その合計額が建物の貸付けに伴う対価とされ、非課税とはなりません。

ただし、その建物が住宅の場合には、非課税となります（詳しくは、本章のⅠの9「住宅の貸付け」を参照してください。）。

（5） 土地と建物を一括して譲渡する場合

土地と建物を一括して譲渡する場合に、その譲渡対価を、合理的に土地部分と建物部分に区分すれば、土地部分は非課税、建物部分は課税とされます。

3　有価証券、有価証券に類するものおよび支払手段の譲渡

（1）　有価証券、有価証券に類するものの譲渡

有価証券および有価証券に類するものの譲渡は非課税です。

有価証券等の範囲は、つぎのとおりです。

有　価　証　券	有価証券に類するもの
1.　国債証券、地方債証券、社債券など 2.　株券または新株予約権証書など 3.　日本銀行等の発行する出資証券 4.　投資信託、貸付信託の受益証券 5.　コマーシャルペーパー（ＣＰ）、外国法人が発行する譲渡性預金証書（ＣＤ）	1.　登録された国債、地方債、社債、株券の発行のない株式等 2.　合名会社等の社員の持分、協同組合等の組合員の持分等 3.　貸付金、預金、売掛金その他の金銭債権

ただし、船荷証券、貨物引換証、倉庫証券や**ゴルフにかかる会員権（株式形態・預託金方式のいずれも）**は、非課税とされる有価証券には含まれず課税の対象です。

（2）　支払手段の譲渡

支払手段の譲渡は、非課税です。

ただし、収集品や販売用の支払手段（コインなど）は、課税の対象です。

支払手段の範囲は、つぎのとおりです。

支　払　手　段　の　範　囲
1．銀行券、政府紙幣、小額紙幣、硬貨
2．小切手（旅行小切手を含む）
3．為替手形、約束手形
4．信用状等
5．資金決済に関する法律に規定する暗号資産（たとえばビットコインなど）

4　利子を対価とする金銭の貸付け、保険料を対価とする役務の提供

　金銭の貸借に伴う利子や保険サービスの対価である保険料などは、非課税です。

　その範囲はつぎのとおりです。

利子を対価とする金銭の貸付けなどの範囲
1．国債、地方債、社債、預金、貯金および貸付金の利子
2．集団投資信託等の収益として分配される分配金
3．信用の保証料、保険料、共済掛金、手形の割引料
4．割賦販売、ローン提携販売および割賦購入あっせんの手数料（注）

　(注)　契約においてその額が明示されているものに限ります。

5 郵便切手、印紙および証紙の譲渡

　日本郵便㈱や郵便切手類販売所などが行う郵便切手類（郵便切手帳、現金封筒、小包郵便物包装物品等を除きます。）や印紙の譲渡は、非課税です。

　また、地方公共団体等が行う証紙の譲渡も、非課税です。

　非課税となる郵便切手類とは、つぎのものをいいます。

郵　便　切　手　類
1．郵便切手
2．郵便葉書
3．郵便書簡

　したがって、会社が郵便切手類を購入したときには、仕入税額控除の対象となる課税仕入には該当せず、切手類を使用して郵便サービスの提供を受けたときに課税仕入に該当するというのが、本来の考え方です。

　しかし、会社が**継続して切手類購入時の課税仕入として処理している**ときは、**その処理が認められます**。

6　物品切手等（商品券やプリペイドカードなど）の譲渡

商品券、ビール券、図書カード、プリペイドカードなどの譲渡は非課税です。

商品券やプリペイドカードなどは、将来それらを使って、具体的に物品等を購入などしたときに消費税が課税されます。

7　国、地方公共団体などの行政手数料

国・地方公共団体・公証人等が行う一定のサービスの提供は、非課税とされています。

登記・登録の手数料、公文書の交付・閲覧、旅券の発給、異議申立て、審査請求などに伴う手数料などは非課税です。

8　外国為替業務にかかる役務の提供

外国為替取引、対外支払手段（信用状、旅行小切手）の発行および売買は、非課税です。

9　住宅の貸付け

　住宅の貸付けは、非課税です。

　住宅とは、人の居住の用に供する家屋、または、家屋のうち人の居住の用に供する部分をいいます。

　社宅、寮なども含まれます。

　ただし、貸付けの契約において、人の居住の用に供することが明らかにされていることが必要です。

　住宅の貸付けには、庭、塀その他これらに類するもので、通常、住宅に付随して貸し付けられると認められるものが含まれます。

　また、家具、じゅうたん、照明設備、冷暖房設備など、住宅の附属設備として、住宅と一体となって貸し付けられるものも含まれます。

　プール、アスレチック施設等のうち、住宅とは別に貸し付けられていると認められるものについては、住宅の貸付けには含まれません。

　駐車場については、

　・一戸建て住宅の駐車場

　・集合住宅の駐車場（1戸あたり1台以上の駐車スペースが確保されており、かつ、自動車の有無にかかわらず割り当てられる場合）

では、住宅の貸付けとして非課税とされます。

　ただし、家賃と駐車料金とを区分して受領している場合には、駐車料金部分は非課税とはなりません。

10　輸入取引のうちの非課税取引

　国内取引の非課税とバランスを図るため、保税地域から引き取られる外国貨物のうち、つぎのものは非課税とされています。

①　有価証券等

②　郵便切手類、印紙、証紙、物品切手等

③　身体障害者用物品

④　教科用図書

Ⅱ　輸出免税取引

1　輸出免税とは

　消費税は、国内での物品やサービスの消費に対して負担を求める税金です。

　消費税と同じ仕組みの税金は、現在、世界の多くの国々で導入されています。

　通常、付加価値税と呼ばれます。

　この付加価値税では、「**消費地課税主義**」とか「**仕向地課税主義**」という考え方が採用されています。

　そのため、輸出取引には、消費税は課税されません。

　ただし、**輸出取引は非課税取引ではなく、輸出免税という措置がとられ**ます。

　輸出免税とは、

　　　　頭から非課税取引とするのではなく、課税対象取引とするが、

　　　　０％の税率を適用することによって、結果的に課税対象からはず

　　　　すこと

です。

2　輸出免税の対象となる取引

　課税事業者が、つぎのような輸出取引等を行った場合は、消費税が免税されます。

①　国内からの輸出として行われる資産の譲渡または貸付け（典型的な輸出取引）

　　なお、つぎのような取引には、輸出免税は適用されません。

　　・　輸出する物品の下請加工

　　・　輸出取引を行う事業者に対する資産の譲渡等

②　外国貨物を輸入手続きをしないで、そのまま国外へ転売する場合

③　国内と国外との間の旅客や貨物の輸送および通信
　　（国際輸送、国際通信）

④　国内と国外との間の郵便または信書便（国際郵便）

⑤　輸出物品販売場における輸出物品の譲渡

　　免税ショップを経営する事業者が、外国人旅行者などに対して、免税対象物品（**注**）を一定の方法で販売する場合

（**注**）　免税対象物品は、下表の通りです。

区　　　分	同一の非居住者に対して同一店舗における１日の販売額の合計
一般物品（消耗品以外のもの）	5,000円以上
消耗品（飲食料品、医薬品、化粧品、その他の消耗品）	5,000円以上50万円以下

3　輸出証明書等は何年間保存するのか

　輸出免税の適用を受ける場合には、輸出許可書、税関長の証明書などを、確定申告期限後7年間保存し、この取引が輸出取引に該当するものであることを証明する必要があります。

ま　と　め

1.　非課税取引は２つに大別できる。

　　１つは、消費に負担を求めるという消費税の性格から考えて、課税の対象にすることになじまないものである。

　　もう１つは、社会政策上の配慮にもとづいて非課税とされたものである。

2.　そのうち、つぎの項目は、実務においても重要である。

　　○土地の譲渡、貸付け

　　○有価証券、支払手段の譲渡

　　○利子、保険料など

　　○郵便切手、印紙などの譲渡

　　○商品券、プリペイドカードなどの譲渡

　　○行政手数料

　　○住宅の貸付け

3.　輸出取引は非課税取引ではない。輸出免税という措置がとられる。

第4章

消費税の納税義務者

1 消費税の納税義務者

（1） 国内取引の納税義務者

国内取引の納税義務者は、資産の譲渡や貸付け、サービスの提供を行った

事業者（法人、個人事業者）

です。

国、地方公共団体、公共法人、公益法人なども、原則として納税義務者となります。

人格のない社団等も法人とみなし、納税義務者となります。

外国法人や非居住者（非居住者のうち事業者に該当する者）も、納税義務者となります。

ただし、**一定の規模以下の小規模事業者は、納税義務が免除されます。**

（2） 輸入取引の納税義務者

輸入取引の納税義務者は、

外国貨物を保税地域から引き取る者

です。

事業者に限らず、消費者である個人が外国貨物を輸入する場合も、納税義務者になります。

2　小規模事業者の納税義務の免除

(1)　小規模事業者の納税義務の免除とは

国内取引については、小規模な事業者は、納税義務が免除されます。
納税義務が免除される小規模な事業者のことを、

　　　免税事業者

といい、納税義務のある事業者のことを、**課税事業者**といいます。

　**その課税期間の基準期間における課税売上高が1,000万円以下の事業者
は、基本的には納税義務が免除されます。**
　具体的には、「**(2)　免税事業者の判定**」を参照してください。

　課税期間とは、

　　　　納税すべき消費税額を計算する計算期間

のことで、原則として、つぎの期間のことです。
　①　法　　　人 ── その法人の事業年度
　②　個人事業者 ── その年1月1日から12月31日までの期間（暦年）

　基準期間とは、

　　　　納税義務の有無を判定する基準となる期間

のことで、原則として、つぎの期間のことです。

法　人	その事業年度の前々事業年度が１年の法人	その事業年度の前々事業年度（**注１**）
	その事業年度の前々事業年度が１年未満の法人	その事業年度開始日の２年前の日の前日から１年を経過する日までの間に開始した各事業年度をあわせた期間（**注２**）
個　人　事　業　者		その年の前々年

（**注１**）　例えば、令和６年10月１日から令和７年９月30日までの事業年度の基準期間は、令和４年10月１日から令和５年９月30日までの事業年度になります。

（**注２**）　基準期間が12ヶ月にならない場合には、この期間の課税売上高を１年に換算する必要があります。

　その課税期間における納税義務の有無が、その課税期間が開始する時点で把握できる仕組みになっています。

　課税売上高とは、

　　　　消費税の課税対象とされる資産の譲渡や貸付け、サービスの提供

　　　　（輸出免税取引を含みます。）の対価の額の合計額

をいいます。

　課税売上高の計算にあたっては、つぎの項目に注意してください。

＜課税売上高に含まれるもの＞

①　**輸出取引**

　輸出免税取引は、**課税売上高の計算に含めます。**

② **法人が資産を役員に贈与したとき**

原則として、贈与時の**時価相当額が課税売上高**となります。

ただし、棚卸資産の場合には、その棚卸資産の仕入金額以上の金額を対価の額として申告しているときは、その金額がおおむね時価の50％以上である限り、それが認められます。

③ **法人が資産を著しく低い価額で役員に譲渡したとき**

著しく低い価額とは、時価の50％未満のことをいいます。

この場合にも、**時価相当額が課税売上高**となります。

また、棚卸資産の場合は、②と同様です。

④ **個人事業者が、棚卸資産や事業用資産を家事消費したとき**

時価相当額が課税売上高となります。

棚卸資産の場合には、②と同様です。

（2）　免税事業者の判定

納税義務の免除に関する判定は、2段階で行います。

第1段階の判定は、基準期間の課税売上高が1,000万円以下か否かで判定します。

基準期間の課税売上高が1,000万円以下の事業者は、さらに第2段階の判定を行います。

第2段階の判定は、**特定期間（注）の課税売上高が1,000万円を超えるか否かで判定します。**

特定期間の課税売上高が1,000万円を超える場合は納税義務は免除されません。

超えない場合は、納税義務が免除されます。

第2段階の判定にあたり、特定期間の課税売上高に代えて、特定期間中に支払った給与、賞与、退職金の額の合計額が1,000万円を超えるか否かで判定することもできます。

（注） **特定期間**とは

特定期間とは、事業者の区分に応じて、つぎの期間をいいます。

① 法人　　　　その事業年度の前事業年度の開始の日以降6月の期間

② 個人事業者　その年の前年の1月1日から6月30日までの期間

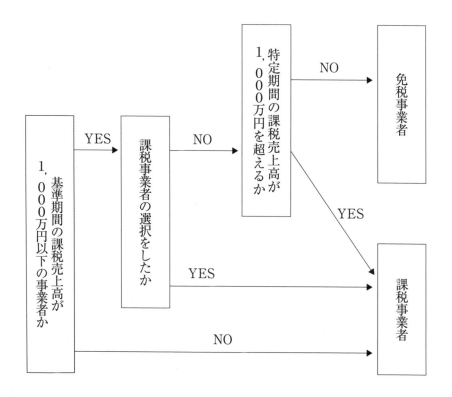

（3）　新規開業や新設法人の納税義務の判定

① 新たに個人事業者として開業した場合

（開業した年）

- 基準期間の課税売上高 —— 課税売上高なし ⎫
- 特定期間の課税売上高 —— 課税売上高なし ⎭ ⇒ 免税事業者

（2年目）

- 基準期間の課税売上高 —— 課税売上高なし

- 特定期間の課税売上高 —— ⎧ 1,000万円以下 ⇒ 免税事業者
  ⎩ 1,000万円超　 ⇒ 課税事業者

② 新設法人の場合

（設立初年度）

- 基準期間の課税売上高 —— 課税売上高なし ⎫
- 特定期間の課税売上高 —— 課税売上高なし ⎭ ⇒ 免税事業者（注）

（注）　ただし、「（6）　**納税義務が免除されない場合**」①から③を除きます。

（第2期）

- 基準期間の課税売上高 —— 課税売上高なし

- 特定期間の課税売上高 —— ⎧ 1,000万円以下 ⇒ 免税事業者（注）
  ⎩ 1,000万円超　 ⇒ 課税事業者

（注）　設立初年度の（注）参照。

（4） 課税事業者の選択

　基準期間の課税売上高が1,000万円以下の事業者であっても、「消費税課税事業者選択届出書」を提出して、課税事業者となることができます。

　どのようなケースで課税事業者を選択するかについては、「**4　課税事業者の選択**」を参照してください。

（5） 納税義務が免除されない場合

　基準期間の課税売上高が1,000万円以下の事業者（基準期間のない事業者も含みます。）は、基本的には、納税義務が免除されますが、納税義務が免除されない場合があります。

　具体的には、「**（6）　納税義務が免除されない場合**」を参照してください。

（6）　納税義務が免除されない場合の特例

①　新設法人の特例

　その事業年度の基準期間がない法人のうち、その事業年度開始の日における資本金の額が1,000万円以上である法人（「新設法人」といいます。）については、その事業年度の納税義務は免除されません。

　したがって、資本金の額が1,000万円以上の法人の設立当初の2事業年度は、課税事業者となります。

　簡易課税の選択も可能です。

②　調整対象固定資産を取得した新設法人の特例

　新設法人が、基準期間がない各課税期間中に「調整対象固定資産」を取得し、かつ、取得した課税期間の消費税の申告を原則（一般）課税で行う場合は、「調整対象固定資産」を取得した日の属する課税期間の初日以降3年を経過する課税期間までの各課税期間は、納税義務が免除されません。

　また、簡易課税を選択して申告することもできません。

※　調整対象固定資産 ── 取得価額が税抜きで100万円以上の資産（建物およびその附属設備、構築物、機械装置、車両運搬具、工具、器具備品、無形固定資産その他の資産で棚卸資産以外のもの）

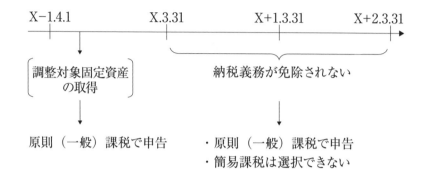

③　グループ内の新規設立法人の特例

　その事業年度の基準期間がない法人で、その事業年度開始の日における資本金の額が1,000万円未満の法人（「新規設立法人」といいます。）のうち、つぎの２つの要件を満たす法人（「特定新規設立法人」といいます。）は、基準期間がない事業年度（設立初年度と第２期）の納税義務は免除されません。

　①　基準期間がない事業年度開始の日において、

　　　新設法人の株式の50％超を一つのグループが保有している

　②　新設法人の基準期間に相当する期間に、

　　　グループ内に課税売上高が５億円超の会社などが存在する

　つぎの(a)〜(c)のケースでは、新設法人Ｓ社は、設立初年度と第２期の納税義務は免除されません。

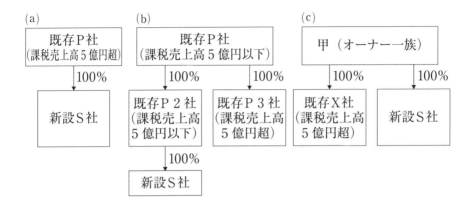

3　高額特定資産を取得した場合の納税義務の特例

　課税事業者が、簡易課税の適用を受けない課税期間中に「高額特定資産」を取得した場合には、高額特定資産を取得した日の属する課税期間の翌課税期間から高額特定資産を取得した課税期間の初日以降3年を経過する日の属する課税期間までの各課税期間は、納税義務が免除されません。

※　高額特定資産 ── 一の取引の単位につき1,000万円以上の棚卸資産
または調整対象固定資産（63ページ参照）

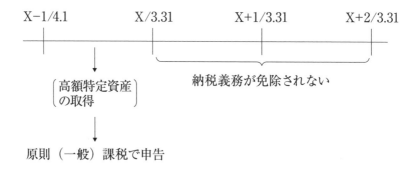

4　課税事業者の選択

(1)　なぜ課税事業者を選択するか

本来、消費税の納税義務が免除される事業者であっても、**選択により、消費税の納税義務者（課税事業者）になることができます。**

つぎの2つの場合、課税事業者を選択します。

① 消費税等の還付を受ける場合

　　免税事業者は、消費税の納税義務が免除されます。

　　したがって、**仕入税額控除の適用もありません。**

　　それに対して、課税事業者を選択すると、消費税の納税義務が発生しますが、**仕入税額控除の適用が受けられます。**

　　したがって、売上にかかる消費税額より仕入にかかる消費税額の方が多い場合には、課税事業者を選択して消費税の還付を受ける方が有利となります。

② 適格請求書発行事業者の登録を受ける場合

　　適格請求書等保存方式（インボイス制度）では、「適格請求書」を保存しないと仕入税額控除の適用が受けられません。

　　免税事業者は適格請求書を発行できません。

　　そのため、免税事業者は、取引から排除される可能性があります。

　　それを回避するには、課税事業者を選択し、適格請求書発行事業者の登録を受けることが必要となります。

（2）　いつから課税事業者となれるか

事業者が、

　　　　　「消費税課税事業者選択届出書」

を所轄税務署長に提出した場合には、**原則として**

　　　　その提出があった日の属する課税期間の翌課税期間から、

課税事業者となります。

　ただし、つぎに掲げる課税期間に提出された場合には、

　　　　　提出があった日の属する課税期間から

課税事業者となります。

①　会社が新規に設立された課税期間

②　個人が新たに事業を開始した課税期間

③　やむを得ない事情により課税選択をしようとする課税期間の初日の
　　前日までに届出書を提出できなかった場合

（3）　免税事業者が適格請求書発行事業者として登録を受ける場合の経過措置

　免税事業者が適格請求書発行事業者としての登録を受ける場合にも、
「消費税課税事業者選択届出書」を提出する必要があります。

　ただし、令和5年10月1日から令和11年9月30日までの日を含む課税期間中に登録を受ける場合は、登録を受けた日から課税事業者となる経過措置が設けられています。

　この場合は、「消費税課税事業者選択届出書」の提出は不要です。

（4） 課税事業者から免税事業者へ戻るときはどうするか

① 原　　則

　課税事業者を選択した事業者が、その後、課税事業者の選択をやめ免税事業者に戻るには、

　　　　「消費税課税事業者選択不適用届出書」

を提出する必要があります。

　この届出書は、事業を廃止した場合を除き、

　　　　課税事業者の選択によって納税義務者となった課税期間の初日から２年を経過する日の属する課税期間の初日以降

でなければ提出できません。

　そしてこの届出書の効力は、

　　　　届出書を提出した日の属する課税期間の翌課税期間から

生ずることになります。

　つまり、**免税事業者が課税事業者を選択した場合には、２年間はやめることができません。**

② 適格請求書発行事業者の特例

　適格請求書発行事業者の登録を受けている場合には、取消しを受けようとする課税期間の初日から起算して15日前の日までに、「**適格請求書発行事業者の登録の取消しを求める旨の届出書**」も提出する必要があります。

③ 特　　例

　課税事業者を選択し、課税事業者となって２年の間に開始した課税期間

中に調整対象固定資産（63ページ参照）を取得し、かつ、調整対象固定資
産を取得した課税期間の消費税の申告を原則（一般）課税（簡易課税でな
い方式のこと）で行った場合は、調整対象固定資産を取得した課税期間の
初日から3年間は、免税事業者に戻ることはできません。

　また、新設法人（資本金1,000万円以上）が、基準期間がない事業年度
に含まれる各課税期間中に調整対象固定資産（63ページ参照）を取得し、
かつ、調整対象固定資産を取得した課税期間の消費税の申告を原則（一
般）課税で行った場合も、調整対象固定資産を取得した課税期間の初日か
ら3年間は、免税事業者に戻ることはできません。

ま と め

1. 国内取引の納税義務者は事業者、輸入取引の納税義務者は外国貨物を保税地域から引き取った者である。

2. 基準期間の課税売上高が1,000万円以下で、かつ特定期間の課税売上高が1,000万円以下の事業者は、納税義務が免除される。

3. 課税売上高の計算にあたっては、輸出取引やみなし譲渡に注意が必要である。

4. 免税事業者であっても、「消費税課税事業者選択届出書」を提出して、課税事業者となることができる。

5. 課税事業者を選択する場合は、つぎの2つである。

   ① 消費税等の還付を受ける場合

   ② 適格請求書発行事業者の登録を受ける場合

6. 課税事業者の選択をやめ免税事業者に戻るには、「消費税課税事業者選択不適用届出書」を提出する必要がある。

第5章

消費税の課税時期

1 国内取引の課税時期

国内取引においては、**原則として、**

消費税の課税対象とされる資産などを、

取引の相手方に譲渡（引渡し）したとき

に、消費税が課税されます。

譲渡の時期については、法人税や所得税の収益計上基準とほぼ同じです。

具体的には、つぎのとおりです。

（1） 棚 卸 資 産

棚卸資産は、**引渡しのときに**課税されます。

引渡しのときとは、たとえば、出荷したとき、相手方に到着したとき、相手方が検収したときなどです。

それらのうち、合理的なものを採用することになります。

（2） 固 定 資 産

固定資産は、棚卸資産と同様に、**引渡しのとき**に課税されます。

ただし、固定資産の譲渡に関する**契約を締結したとき**を課税時期とすることも認められています。

（3）　建物の賃貸借

家賃は、契約等により支払日が定められているものは、契約などにより支払いを受けるべき日が、課税時期となります。

（4）　請　　　　負

物の引渡しを要する請負については、その目的物を全部完成して相手方に**引き渡したとき**、物の引渡しを要しない請負については、**約した役務の全部を提供したとき**が、課税時期とされます。

（5）　人的役務の提供

人的役務の提供については、約した役務のすべての提供を完了した日が、課税時期となります。

2 輸入取引の課税時期

輸入貨物については、

貨物を保税地域から引き取るとき

が、消費税の課税時期となります。

```
まとめ
```

1. 資産等を引き渡したときが消費税の課税時期で、法人税の収益計上基準とほぼ同じである。
2. 棚卸資産については、原則として引渡しのときである。
3. 固定資産については、原則として引渡しのときであるが、譲渡に関する契約を締結したときでもよい。
4. 請負については、物の引渡しを要する請負については、目的物を引き渡したとき、物の引渡しを要しない請負については、役務を全部提供したときである。
5. 賃貸料は、契約等で定められた支払日に課税される。

第6章

課税標準額と課税標準額に対する消費税額

1　課税標準額とは

課税標準額とは、税額を計算する基礎となる金額です。

国内取引にかかる消費税の課税標準額は、

課税資産の譲渡等の対価の額

です。

課税資産の譲渡等の対価の額には、課税資産の譲渡等につき課税される消費税額等（消費税および地方消費税額）は含まれません。

また、その課税期間中の課税資産の譲渡等のうち、免税取引を除いて計算します。

2　割戻し計算方式による計算

　割戻し計算方式とは、取引のつど税抜経理（個々の取引のつど、税抜きの売上金額と消費税額等とに区別して経理する方式）をしていても、それらを税率ごとに再度合算したうえで、課税標準額を計算する方式です（第1章の5参照）。

　なお、課税標準額の計算においては、つぎのような事項にも注意が必要です。

① 　酒税、たばこ税、揮発油税、石油石炭税、石油ガス税などの個別消費税などは、課税資産の譲渡等の対価の額に含まれます。

② 　軽油引取税、ゴルフ場利用税は、課税資産の譲渡等の対価の額と区分して請求している場合は、課税資産の譲渡等の対価の額に含まれません。

③ 　個人事業者が事業に使用していた資産を、家事のために消費・使用した場合は、その時における資産の価額に相当する金額を対価の額とみなします。

④ 　法人がその役員に対して、資産を贈与または著しく低い対価により譲渡した場合は、その時における資産の価額に相当する金額を対価の額とみなします。

＜事例＞

　X社は、税抜経理を行っている。

　その結果、ある課税期間の数値が、つぎのように集計された。

その課税期間の課税標準額は、どのように計算するのか。

- 標準税率適用取引の税抜売上高の合計額⋯⋯⋯⋯295,573,018円
- 標準税率適用取引の仮受消費税等の合計額⋯⋯⋯29,545,982円
- 軽減税率適用取引の税抜売上高の合計額⋯⋯⋯⋯141,927,437円
- 軽減税率適用取引の仮受消費税等の合計額⋯⋯⋯11,341,563円

<計算過程>

① **課税標準額の計算**

（標準税率適用分）

$$(295,573,018円 + 29,545,982円) \times \frac{100}{110}$$

$$= 325,119,000円 \times \frac{100}{110}$$

$$= 295,562,727円$$

↓

標準税率適用分の課税標準額 （1,000円未満の端数切捨て）	295,562,000円

（軽減税率適用分）

$$(141,927,437円 + 11,341,563円) \times \frac{100}{108}$$

$$= 153,269,000円 \times \frac{100}{108}$$

$$= 141,915,740円$$

↓

軽減税率適用分の課税標準額 （1,000円未満の端数切捨て）	141,915,000円

（課税標準額）

295,562,000円 + 141,915,000円 = 437,477,000円

② 課税標準額に対する消費税額の計算

（標準税率適用分）

$$295,562,000円 \times \frac{7.8}{100} = 23,053,836円$$

（軽減税率適用分）

$$141,915,000円 \times \frac{6.24}{100} = 8,855,496円$$

（課税標準額に対する消費税額）

23,053,836円 + 8,855,496円 = 31,909,332円

3 積上げ計算方式による計算

積上げ計算方式とは、適格請求書に記載されている消費税額等を積み上げて計算する方式です。

＜手順＞

X社のある課税期間の数値が、つぎのように集計された。

その課税期間の課税標準額は、どのように計算するのか。

- 標準税率適用取引の税込売上高の積上げ合計額………325,119,000円
- 標準税率適用取引の適格請求書に記載された消費税額等の積上げ合計額……………………………………………………29,556,272円
- 軽減税率適用取引の税込売上高の積上げ合計額………15,326,900円
- 軽減税率適用取引の適格請求書に記載された消費税額等の積上げ合計額……………………………………………………11,353,259円

＜計算過程＞

① 課税標準額の計算

（標準税率適用分）

$$325,119,000円 - 29,556,272円$$
$$= 295,562,728円$$

↓

標準税率適用分の課税標準額 （1,000円未満の端数切捨て）	295,562,000円

（軽減税率分）

153,269,000円 − 11,353,259円

= 141,915,741円

↓

標準税率適用分の課税標準額 （1,000円未満の端数切捨て）	141,915,000円

（課税標準額）

295,562,000円 + 141,915,000円 = 437,437,000円

② 課税標準額に対する消費税額の計算

（標準税率適用分）

$29,556,272円 \times \dfrac{78}{100} = 23,053,892円$

（軽減税率適用分）

$11,353,259円 \times \dfrac{78}{100} = 8,855,542円$

（課税標準に対する消費税額）

23,053,892円 + 8,855,542円 = 31,909,434円

4 申告書にはどのように記載されるか

消費税の申告書は、つぎのような様式です。

（第1表）

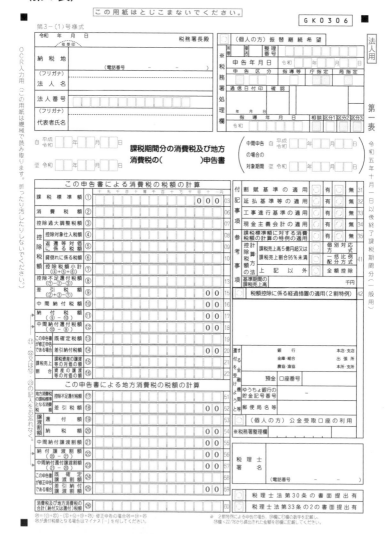

（第2表）

GK0602

第3-(2)号様式

課税標準額等の内訳書

法人用

納　税　地	（電話番号　　　－　　　－　　　）
（フリガナ）	
法　人　名	
（フリガナ）	
代表者氏名	

整理番号 ☐☐☐☐☐☐☐☐

改正法附則による税額の特例計算		
軽減売上割合（10営業日）	附則38①	51
小売等軽減仕入割合	附則38②	52

自令和☐☐年☐☐月☐☐日
至令和☐☐年☐☐月☐☐日

課税期間分の消費税及び地方消費税の（　　　　）申告書

中間申告 自令和☐☐年☐☐月☐☐日
の場合の
対象期間 至令和☐☐年☐☐月☐☐日

第二表

令和四年四月一日以後終了課税期間分

課　税　標　準　額 ※申告書（第一表）の①欄へ	①	┃ ┃ ┃ ┃ ┃ ┃ ┃ ┃ ┃ 0 0 0	01
課税資産の譲渡等の対価の額の合計額	3　％　適　用　分 ②		02
	4　％　適　用　分 ③		03
	6.3　％　適　用　分 ④		04
	6.24　％　適　用　分 ⑤		05
	7.8　％　適　用　分 ⑥		06
	（②～⑥の合計） ⑦		07
特定課税仕入れに係る支払対価の額の合計額　（注1）	6.3　％　適　用　分 ⑧		11
	7.8　％　適　用　分 ⑨		12
	（⑧・⑨の合計） ⑩		13

消　費　税　額 ※申告書（第一表）の②欄へ	⑪		21
⑪　の　内　訳	3　％　適　用　分 ⑫		22
	4　％　適　用　分 ⑬		23
	6.3　％　適　用　分 ⑭		24
	6.24　％　適　用　分 ⑮		25
	7.8　％　適　用　分 ⑯		26

返還等対価に係る税額 ※申告書（第一表）の⑤欄へ	⑰		31
⑰の内訳	売上げの返還等対価に係る税額 ⑱		32
	特定課税仕入れの返還等対価に係る税額　（注1） ⑲		33

地方消費税の課税標準となる消費税額　（注2）	（㉑～㉓の合計） ⑳		41
	4　％　適　用　分 ㉑		42
	6.3　％　適　用　分 ㉒		43
	6.24%及び7.8%適用分 ㉓		44

（注1）⑧～⑩及び⑯欄は、一般課税により申告する場合で、課税売上割合が95%未満、かつ、特定課税仕入れがある事業者のみ記載します。
（注2）⑳～㉓欄が還付税額となる場合はマイナス「－」を付してください。

上記2の事例について、申告書の記載例を示すとつぎのようになります。

〈上記2（割戻し計算方式）の場合の記載例〉

（第2表）

課税標準額 ※申告書（第一表）の①欄へ		①	4374770000	01
課税資産の譲渡等の対価の額の合計額	3 ％適用分	②		02
	4 ％適用分	③		03
	6.3 ％適用分	④		04
	6.24％適用分	⑤	1419155740	05
	7.8 ％適用分	⑥	2955622727	06
	（②〜⑥の合計）	⑦	4374778467	07
特定課税仕入れに係る支払対価の額の合計額　（注1）	6.3 ％適用分	⑧		11
	7.8 ％適用分	⑨		12
	（⑧・⑨の合計）	⑩		13
消費税額 ※申告書（第一表）の②欄へ		⑪	319093332	21
⑪の内訳	3 ％適用分	⑫		22
	4 ％適用分	⑬		23
	6.3 ％適用分	⑭		24
	6.24％適用分	⑮	8855496	25
	7.8 ％適用分	⑯	230538336	26

（第1表）

この申告書による消費税の税額の計算				
課税標準額	①	4374770000	03	
消費税額	②	319093332	06	
控除過大調整税額	③		07	
税額 控除対象仕入税額	④		08	

〈上記3（積上げ計算方式）の場合の記載例〉

（第2表）

課　税　標　準　額 ※申告書（第一表）の①欄へ		①					4	3	7	4	7	7	0	0	0	01

課 税 資 産 の 譲 渡 等 の 対 価 の 額 の 合 計 額	3　％適用分	②														02
	4　％適用分	③														03
	6.3　％適用分	④														04
	6.24％適用分	⑤						1	4	1	9	1	5	7	4	1	05
	7.8　％適用分	⑥						2	9	5	5	6	2	7	2	8	06
	（②～⑥の合計）	⑦						4	3	7	4	7	8	4	6	9	07
特定課税仕入れ に係る支払対価 の額の合計額 　（注1）	6.3　％適用分	⑧														11
	7.8　％適用分	⑨														12
	（⑧・⑨の合計）	⑩														13

消　費　税　額 ※申告書（第一表）の②欄へ		⑪							3	1	9	0	9	4	3	4	21
⑪　の　内　訳	3　％適用分	⑫														22
	4　％適用分	⑬														23
	6.3　％適用分	⑭														24
	6.24％適用分	⑮								8	8	5	5	5	4	2	25
	7.8　％適用分	⑯								2	3	0	5	3	8	9	2	26

（第1表）

この申告書による消費税の税額の計算																
課　税　標　準　額	①						4	3	7	4	7	7	0	0	0	03
消　費　税　額	②							3	1	9	0	9	4	3	4	06
控除過大調整税額	③															07
控除対象仕入税額	④															08

■ま　と　め■

1.　課税標準に対する消費税額の計算については、2通りある。
　　割戻し計算方式と積上げ計算方式である。

第 7 章

返品、値引きや貸倒れの処理

1　売上について返品や値引きがあった場合、どのように処理するか

　消費税では、売上について、**返品を受けたり**、**値引きをしたり**、**割戻しを行った場合**などのように、税込みの取引金額の一部を返還することを、

　　　　　売上対価の返還

といいます。

　返品や値引きがあった場合には、その売上のあった課税期間までさかのぼって修正するのではなく、返品や値引きをしたときの課税期間で調整します。

　調整の方法は2通りあります。

　ある会社の事例を使って説明しましょう。

　軽減税率対象品目の取引は行っていないと仮定します。

　○その期間の税込課税売上高……………765,239,800円

　○同期間の返品、値引きの金額……………2,525,400円

（1）　申告書（第1表）「⑤」欄を使用する方法（第1法）

つぎの消費税の申告書の一部抜すいを参照してください。

（第1表）

この申告書による消費税の税額の計算					
		十 兆 千 百 十 億 千 百 十 万 千 百 十 一 円			
課 税 標 準 額	①	0 0 0	03
消　費　税　額	②		06
控除過大調整税額	③		07
控除	控除対象仕入税額	④		08
税額	返還等対価に係る税額	⑤		09
	貸倒れに係る税額	⑥		10
	控除税額小計（④+⑤+⑥）	⑦		12
控除不足還付税額（⑦-②-③）	⑧		13
差　引　税　額（②+③-⑦）	⑨	0 0	15

「⑤」の欄、「返還等対価に係る税額」という欄があります。

第1法は、この欄を使用して、返品や値引きの調整を行う方法です。

先ほどの例で調整することにします。

㈤　課税標準額

$$765,239,800円 \times \frac{100}{110} = 695,672,545円$$

$$= 695,672,000円（1,000円未満の端数切捨て）$$

㈥　課税標準額に対する消費税額

$$695,672,000円 \times \frac{7.8}{100} = 54,262,416円$$

㈦　売上の対価の返還等にかかる消費税額

売上対価の返還等にかかる消費税額は、つぎの算式で計算することと

されています。

したがって、

$$2,525,400円 \times \frac{7.8}{110} = 179,073円 （1円未満の端数切捨て）$$

第1法による申告書の記載例は、つぎのとおりです。

（第1表）

この申告書による消費税の税額の計算		
課　税　標　準　額 ①	6 9 5 6 7 2 0 0 0	03
消　費　税　額 ②	5 4 2 6 2 4 1 6	06
控除過大調整税額 ③		07
控除　控除対象仕入税額 ④		08
返還等対価に係る税額 ⑤	1 7 9 0 7 3	09
税　貸倒れに係る税額 ⑥		10
額　控除税額小計 (④+⑤+⑥) ⑦		
控除不足還付税額 (⑦-②-③) ⑧		13
差引税額 (②+③-⑦) ⑨	0 0	15

（2）　申告書（第1表）「⑤」欄を使用しない方法（第2法）

　売上返品等があった場合、返品等の金額を売上高より控除し、その控除後の金額を売上高とする経理処理を継続している場合には、売上返品等を控除した後の売上高をもとにして、課税標準額に対する消費税額を計算し

ます。

　先ほどの会社の例で、第2法にもとづく計算と申告書の記載例を示すと、つぎのようになります。

(イ)　課税標準額

$$(765,239,800円 - 2,525,400円) \times \frac{100}{110} = 693,376,727円$$
$$= 693,376,000円$$

（1,000円未満の端数切捨て）

(ロ)　課税標準額に対する消費税額

$$693,376,000円 \times \frac{7.8}{100} = 54,083,328円$$

（第1表）

この申告書による消費税の税額の計算		十 兆 千 百 十 億 千 百 十 万 千 百 十 一 円	
課　税　標　準　額	①	6 9 3 3 7 6 0 0 0	03
消　　費　　税　　額	②	5 4 0 8 3 3 2 8	06
控除過大調整税額	③		07
控除税額　控除対象仕入税額	④		08
返還等対価に係る税額	⑤		09
貸倒れに係る税額	⑥		10
控除税額小計 (④+⑤+⑥)	⑦		11
控除不足還付税額 (⑦-②-③)	⑧		13
差　引　税　額 (②+③-⑦)	⑨	0 0	15

2 貸倒れがあった場合、どのように処理するか

　課税売上高について貸倒れが発生した場合には、貸倒れがあった課税期間の売上にかかる消費税額から控除することになります。

　申告書（第1表）の「⑥」欄、「貸倒れに係る税額」の欄を使って調整することになります。

　標準税率対象品目の売掛債権の貸倒れにかかる消費税額の計算は、つぎの算式で行います。

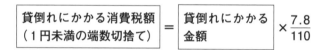

$$\boxed{\begin{array}{c}\text{貸倒れにかかる消費税額}\\(\text{1円未満の端数切捨て})\end{array}} = \boxed{\begin{array}{c}\text{貸倒れにかかる}\\\text{金額}\end{array}} \times \frac{7.8}{110}$$

　貸倒れの控除の適用を受ける場合には、貸倒れとなる事実が生じたことを証する書類を、申告期限後7年間保存することが要件とされています。

　貸倒れの控除の適用を受けることができる貸倒れの範囲は、法人税とほぼ同じです。

　また当然のことですが、貸付金などに貸倒れが発生して回収不能となっても、当初貸付けが発生した段階で消費税が発生していませんので、控除の対象とはなりません。

　貸倒れにかかる消費税額の計算と申告書の記載例はつぎのようになります。

　㋑　ある期間の税込課税売上高………766,139,800円

　　　　　　　　　　　　　　　（すべて標準税率（10%）の取引）

　㋺　その期間の貸倒れ金額………2,575,000円（標準税率（10%）の取引）

㋩　課税標準額

$$766,139,800円 \times \frac{100}{110} = 696,490,727円$$

$$= 696,490,000円（1,000円未満の端数切捨て）$$

㋥　課税標準額に対する消費税額

$$696,490,000円 \times \frac{7.8}{100} = 54,326,220円$$

㋭　貸倒れにかかる消費税額

$$2,575,000円 \times \frac{7.8}{110} = 182,590円$$

（第１表）

この申告書による消費税の税額の計算

			十	兆	千	百	十	億	千	百	十	万	千	百	十	一円	
課税標準額		①						6	9	6	4	9	0	0	0	0	03
消費税額		②							5	4	3	2	6	2	2	0	06
控除過大調整税額		③															07
控除税額	控除対象仕入税額	④															08
	返還等対価に係る税額	⑤															09
	貸倒れに係る税額	⑥										1	8	2	5	9	0	10
	控除税額小計（④＋⑤＋⑥）	⑦															
控除不足還付税額（⑦－②－③）		⑧															13
差引税額（②＋③－⑦）		⑨													0	0	15

ま　と　め

1. 売上について、返品を受けたり、値引きをしたり、割戻しを行う
   ことを、売上対価の返還と呼ぶ。
2. 売上対価の返還があったときは、その処理方法は2通りある。
3. 課税売上高について貸倒れが発生したときは、貸倒れがあった期
   間の売上にかかる消費税から控除する。

第8章

仕入税額控除とは

1 仕入税額控除とは

（1） 仕入税額控除とはどのようなことか

　消費税額として実際に納税する金額は、ある課税期間中の売上にかかる消費税額から、同じ課税期間中の仕入代金などに含まれている消費税額を差し引いた金額です。

　この、仕入代金などに含まれている消費税額を差し引くことを

　　　　仕入税額控除

といいます。

売上にかかる 消 費 税 額	－	仕入にかかる 消 費 税 額	＝	納 付 す る 消 費 税 額

　例えば、ある課税期間の

　　　　売上にかかる消費税額が　100万円

　　　　仕入にかかる消費税額が　　80万円

としたら、納付額は、

　　　　100万円－80万円＝20万円

ということになります。

　仕入税額控除の適用を受けられるのは、課税事業者（納税義務者）だけです。

（2）　仕入税額が売上にかかる消費税額より多いときはどうするか

　輸出取引については、売上にかかる消費税額が免除されることは、すでに説明したところです。

　しかし、輸出業者が国内で行う商品の仕入代金、諸経費の支払額、資産の購入代金には、当然に消費税額が含まれます。

　この場合には、輸出業者が、課税事業者に該当すれば、仕入税額控除の適用が受けられます。

　例えば、

輸出売上	3億円
課税仕入	2億2,000万円

のケースでは、

売上にかかる消費税額	0
（輸出免税の適用）	
仕入にかかる消費税額	1,560万円

$$\left(2億2,000万円 \times \frac{7.8}{110}\right)$$

差引還付税額	1,560万円

ということになり、支払った消費税は還付されることになります。

　したがって、基準期間の課税売上高が1,000万円以下であるため、免税事業者に該当する輸出業者であっても、課税事業者を選択することにより、支払った消費税を還付してもらうことができます。

　輸出業者が課税事業者または免税事業者を選択した場合の相違点はつぎのようになります。

	課税事業者	免税事業者
売上にかかる消費税額	輸出免税	免　　税
仕入税額控除	適用あり	適用なし

　輸出業者や高額な設備投資を行った会社で、仕入税額控除額が売上にかかる消費税額を上回った会社は、還付申告書を提出することになります。

　その場合は、つぎのような消費税の還付申告に関する明細書を申告書に添付することになります。

第28-(9)号様式

消費税の還付申告に関する明細書 (法人用)

課税期間	・ ・ ～ ・ ・		所在地	
			名　称	

1　還付申告となった主な理由 （該当する事項に〇印を付してください。）

輸出等の免税取引の割合が高い	その他
設備投資（高額な固定資産の購入等）	

2　課税売上げ等に係る事項

(1) 主な課税資産の譲渡等 (取引金額が100万円以上の取引を上位10番目まで記載してください。)　単位：千円

資 産 の 種 類 等	譲　　　渡 年 月 日 等	取引金額等 （税込・税抜）	取 引 先 の 氏 名 （ 名 称 ）	取 引 先 の 住 所 （ 所 在 地 ）
	・ ・			
	・ ・			
	・ ・			
	・ ・			
	・ ・			
	・ ・			
	・ ・			
	・ ・			
	・ ・			
	・ ・			

※　継続的に課税資産の譲渡を行っている取引先のものについては、当課税期間分をまとめて記載してください。その場合、譲渡年月日等欄に「継続」と記載してください。輸出取引等は(2)に記載してください。

(2) 主な輸出取引等の明細 (取引金額総額の上位10番目まで記載してください。)　単位：千円

取 引 先 の 氏 名 （ 名 称 ）	取 引 先 の 住 所 （ 所 在 地 ）	取 引 金 額	主な取引商品等	所轄税関 （支署）名

輸 出 取 引 等 に 利 用 す る	主な 金融機関		銀　　　行 金庫・組合 農協・漁協		本店・支店 出 張 所 本所・支所
		預金	口座番号		
	主な 通関業者	氏 名 （ 名 称 ）			
		住所（所在地）			

(1／2)

3 課税仕入れに係る事項

(1) 仕入金額等の明細

単位：千円

区　　　　分			④ 決 算 額 （税込・税抜）	⑨ ④のうち 課税仕入れに ならないもの	（④－⑨） 課税仕入高
損益科目	商 品 仕 入 高 等	①			
	販売費・一般管理費	②			
	営 業 外 費 用	③			
	そ　　の　　他	④			
	小　　　計	⑤			

区　　　　分			④ 資産の取得価額 （税込・税抜）	⑨ ④のうち 課税仕入れに ならないもの	（④－⑨） 課税仕入高
資産科目	固 定 資 産	⑥			
	繰 延 資 産	⑦			
	そ　　の　　他	⑧			
	小　　　計	⑨			
課税仕入れ等の税額の合計額 ⑩			⑤＋⑨の金額に対する消費税額		

(2) 主な棚卸資産・原材料等の取得 （取引金額が100万円以上の取引を上位5番目まで記載してください。）単位：千円

資産の 種類等	取 得 年月日等	取引金額等 （税込・税抜）	取引先の登録番号	取 引 先 の 氏 名 （ 名 称 ）	取 引 先 の 住 所 （ 所 在 地 ）
	・ ・		T		
	・ ・		T		
	・ ・		T		
	・ ・		T		
	・ ・		T		

※1 継続的に課税資産の取得を行っている取引先のものについては、当課税期間分をまとめて記載してください。
　その場合取得年月日等欄に「継続」と記載してください。
　2 「取引先の登録番号」欄に登録番号を記載した場合には、「取引先の氏名（名称）」欄及び「取引先の住所（所
　　在地）」欄の記載を省略しても差し支えありません（以下(3)において同じ。）。

(3) 主な固定資産等の取得 （1件当たりの取引金額が100万円以上の取引を上位10番目まで記載してください。）　単位：千円

資産の 種類等	取 得 年月日等	取引金額等 （税込・税抜）	取引先の登録番号	取 引 先 の 氏 名 （ 名 称 ）	取 引 先 の 住 所 （ 所 在 地 ）
	・ ・		T		
	・ ・		T		
	・ ・		T		
	・ ・		T		
	・ ・		T		
	・ ・		T		
	・ ・		T		
	・ ・		T		
	・ ・		T		
	・ ・		T		

4 当課税期間中の特殊事情 （顕著な増減事項等及びその理由を記載してください。）

第28-(8)号様式

消費税の還付申告に関する明細書 （個人事業者用）

課税期間	・　・　～　・　・		住　所	
			氏　名	

1　還付申告となった主な理由 （該当する事項に○印を付してください。）

輸出等の免税取引の割合が高い	その他	
設備投資 （高額な固定資産の購入等）		

2　課税売上げ等に係る事項

(1)　主な課税資産の譲渡等 （取引金額が100万円以上の取引先を上位5番目まで記載してください。）

資産の種類等	譲　渡年月日等	取引金額等（税込・税抜）	取引先の氏名（名称）	取引先の住所（所在地）
	・　・	円		
	・　・			
	・　・			
	・　・			
	・　・			

※　継続的な取引先については、当課税期間中の取引金額の合計額を記載し、譲渡年月日等欄には「継続」と記載してください。輸出取引等は(2)に記載してください。

(2)　主な輸出取引等の明細 （取引金額総額の上位5番目まで記載してください。）

取引先の氏名（名称）	取引先の住所（所在地）	取引金額	主な取引商品等	所轄税関（支署）名
		円		

輸出取引等に利用する	主な金融機関		銀　行金庫・組合農協・漁協	本店・支店出張所本所・支所
		預金　口座番号		
	主な通関業者	氏名（名称）		
		住所（所在地）		

（1／2）

3 課税仕入れに係る事項

(1) 仕入金額等の明細

区　　分		㋑ 決 算 額 （税込・税抜）	㋺左のうち課税仕入 れにならないもの	（㋑－㋺） 課税仕入高
事業所得	仕 入 金 額 （製品製造原価）　①	円	円	円
	必 要 経 費　②			
	固 定 資 産 等 の 取 得 価 額　③			
	小　　計 （①＋②＋③）　④			
不動産所得	必 要 経 費　⑤			
	固 定 資 産 等 の 取 得 価 額　⑥			
	小　　計 （⑤＋⑥）　⑦			
所得	仕 入 金 額　⑧			
	必 要 経 費　⑨			
	固 定 資 産 等 の 取 得 価 額　⑩			
	小　　計 （⑧＋⑨＋⑩）　⑪			
課税仕入高の合計額　⑫		④、⑦、⑪の合計額を記載してください。		
課税仕入れ等の税額の合計額　⑬		⑫の金額に対する消費税額		

(2) 主な棚卸資産・原材料等の取得 （取引金額が100万円以上の取引先を上位5番目まで記載してください。）

資産の 種類等	取　　得 年月日等	取引金額等 （税込・税抜）	取引先の登録番号	取 引 先 の 氏 名 （ 名 称 ）	取引先の住所 （ 所 在 地 ）
	・　・	円	T｜｜｜｜｜｜｜｜｜｜｜｜｜		
	・　・		T｜｜｜｜｜｜｜｜｜｜｜｜｜		
	・　・		T｜｜｜｜｜｜｜｜｜｜｜｜｜		
	・　・		T｜｜｜｜｜｜｜｜｜｜｜｜｜		

※1 継続的な取引先については、当課税期間中の取引金額の合計額を記載し、取得年月日等欄には「継続」と記載してください。

　2 「取引先の登録番号」欄に登録番号を記載した場合には、「取引先の氏名（名称）」欄及び「取引先の住所（所在地）」欄の記載を省略しても差し支えありません（以下(3)において同じ。）。

(3) 主な固定資産等の取得 （1件当たりの取引金額が100万円以上の取引を上位5番目まで記載してください。）

資産の 種類等	取　　得 年月日等	取引金額等 （税込・税抜）	取引先の登録番号	取 引 先 の 氏 名 （ 名 称 ）	取引先の住所 （ 所 在 地 ）
	・　・	円	T｜｜｜｜｜｜｜｜｜｜｜｜｜		
	・　・		T｜｜｜｜｜｜｜｜｜｜｜｜｜		
	・　・		T｜｜｜｜｜｜｜｜｜｜｜｜｜		
	・　・		T｜｜｜｜｜｜｜｜｜｜｜｜｜		
	・　・		T｜｜｜｜｜｜｜｜｜｜｜｜｜		

4 令和　　年中の特殊事情 （顕著な増減事項等及びその理由を記載してください。）

（3）　消費税を納めなくていい会社の仕入控除はどうなるか

　売上にかかる消費税の課税を免除されている免税事業者は、課税される売上があっても納税義務がないわけです。

　したがって、仕入などで支払った消費税があっても、税額控除だけを受けることはできません。

　受け取った消費税を納税する義務を免除されているわけですから、払った消費税を還付してもらうことができないのは当然です。

　免税事業者が仕入税額控除の適用を受けるには、課税事業者を選択するしかありません。

　課税事業者選択届出書を提出すれば、納税義務も生じますが、仕入税額控除の適用も受けることができるわけです。

（4）　仕 入 と は

　消費税法でいう仕入というのは、

　　　　商品の仕入
　　　　諸経費の支払い
　　　　設備の購入

などをいいます。

　その内容は、企業会計の仕入と大幅に異なります。

（5）　課税仕入とはどういうことか

　仕入の範囲が幅広いことは（4）ですでに説明したとおりです。

ここで、仕入税額控除できる仕入のことを消費税法では、

課税仕入

といいます。

課税仕入に該当する取引について仕入税額控除できるわけです。

（6）　仕入税額控除の要件

適格請求書等保存方式の下では、一定の事項が記載された帳簿および請求書等の保存が、仕入税額控除の要件とされています。

税務署長に申請して登録を受けた課税事業者である「適格請求書発行事業者」が、仕入の相手方に交付する「適格請求書」（いわゆるインボイス）等を保存することが、仕入税額控除の要件となります。

これが適格請求書等保存方式です。

2 適格請求書等保存方式（インボイス制度）

繰り返しになりますが、

適格請求書発行事業者が発行した適格請求書等の保存が、仕入税額控除の要件とされています。

適格請求書発行事業者とは、自ら税務署長に申請をし、適格請求書等を交付することのできる事業者として登録を受けた事業者をいいます。

この登録は、課税事業者であることが要件です。

したがって、免税事業者が登録を受けるには、課税事業者にならなければなりません。

（1） 適格請求書等とは

適格請求書等とは、

一定の事項が記載された帳簿および請求書等をいいます。

一定の事項とは、

「登録番号」、「適用税率」、「消費税額」をいいます。

従来の請求書等にこれらが必ず記載されています。

保存すべき請求書等には、適格請求書のほか、つぎの書類等が含まれます。

① 適格簡易請求書

② 適格請求書または適格簡易請求書の記載事項にかかる電磁的記録

③ 適格請求書の記載事項が記載された仕入明細書、仕入計算書その他これに類する書類

（課税仕入の相手方において課税資産の譲渡等に該当するもので、相手
方の確認を受けたものに限ります。）

（2）　適格請求書等の保存を要しない取引

なお、請求書等の交付を受けることが困難であるなどの理由により、つ
ぎの取引については、一定の事項を記載した帳簿のみの保存で、仕入税額
控除が認められます。

① 公共交通機関特例の対象として適格請求書の交付義務が免除される
３万円未満の公共交通機関による旅客の運送

② 適格簡易請求書の記載事項（取引年月日を除きます。）が記載され
ている入場券等が使用の際に回収される取引（①に該当するものを除
きます。）

③ 古物営業を営む者の適格請求書発行事業者でない者からの古物（古
物営業を営む者の棚卸資産に該当するものに限ります。）の購入

④ 質屋を営む者の適格請求書発行事業者でない者からの質物（質屋を
営む者の棚卸資産に該当するものに限ります。）の取得

⑤ 宅地建物取引業を営む者の適格請求書発行事業者でない者からの建
物（宅地建物取引業を営む者の棚卸資産に該当するものに限ります。）
の購入

⑥ 適格請求書発行事業者でない者からの再生資源及び再生部品（購入
者の棚卸資産に該当するものに限ります。）の購入

⑦ 適格請求書の交付義務が免除される３万円未満の自動販売機および
自動サービス機からの商品の購入等

⑧ 適格請求書の交付義務が免除される郵便切手類のみを対価とする郵

便・貨物サービス（郵便ポストに差し出されたものに限ります。）

⑨　従業員等に支給する通常必要と認められる出張旅費等（出張旅費、宿泊費、日当および通勤手当）

（3）　一定規模以下の事業者に対する少額特例

適格請求書等の保存がなくても一定の事項が記載された帳簿のみの保存により、当該課税仕入について仕入税額控除の適用を受けることができる特例です。

①　適用対象者

基準期間における課税売上高が1億円以下または特定期間における課税売上高が5,000万円以下の事業者が、適用対象者となります。

特定期間とは、法人については前事業年度開始の日以後6月の期間をいいます（詳しくは60ページ参照）。

個人事業者については、前年1月から6月までの期間をいいます。

②　適用できる期間

令和5年10月1日から令和11年9月30日までの期間が適用対象期間となります。

③　対象となる課税仕入

税込み1万円未満の課税仕入が適用対象となります。

特例に該当するかどうかは、1回の取引の合計額が1万円未満であるかどうかで判定します。

（4）　免税事業者からの仕入にかかる経過措置

　適格請求書等保存方式では、適格請求書発行事業者以外のもの（免税事業者、消費者または登録を受けていない課税事業者）から行った課税仕入は、原則として、仕入税額控除の適用を受けることができません。

　区分記載請求書等保存方式（令和5年9月30日までの適用）において仕入税額控除の対応となるものについては、経過措置により下記の仕入税額控除が認められます。

　　令和5年10月1日から令和8年9月30日までの3年間　⇒　80％

　　令和8年10月1日から令和11年9月30日までの3年間　⇒　50％

　この経過措置の適用を受けるためには、つぎの事項が記載された帳簿及び請求書等の保存が要件となります。

①　帳　　　簿

　区分記載請求書等保存方式の記載事項に加え、例えば「80％控除対象」などの経過措置を受ける課税仕入である旨の記載が必要となります。

②　請　求　書　等

　区分記載請求書等と同様の記載事項が必要となります。

3　輸入したときの消費税はどうするか

　消費税が課される貨物を輸入するときは、輸入した貨物を引き取るときに、消費税が課税されています。

　この輸入貨物にかかる消費税も、国内の課税仕入にかかる消費税と同じく、仕入税額控除の対象になります。

　仕入税額控除の対象になるのは、

　　　その課税期間中に行った課税仕入（国内取引）にかかる消費税額と、

　　　その課税期間中に保税地域から引き取った課税貨物（輸入貨物）にかかる消費税額

との合計額です。

4 仕入れた商品を返品したときの仕入税額控除は

返品して、お金をもどしてもらう場合には、その返品をした日を含む課税期間の仕入にかかる消費税額から差し引きます。

すなわち、仕入にかかる消費税額が返品分だけ減少することになります。

$$
\boxed{\text{納付税額}} = \boxed{\begin{array}{c}\text{売上にかかる}\\\text{消 費 税 額}\end{array}} - \left(\boxed{\begin{array}{c}\text{仕入にかかる}\\\text{消 費 税 額}\end{array}} - \boxed{\begin{array}{c}\text{返品等にかかる}\\\text{消 費 税 額}\end{array}}\right)
$$

このことを、仕入にかかる対価の返還等といい、返品をしてお金をもどしてもらうケースのほか、仕入値引きを受けるケース、仕入割引（買掛金を支払期日前に支払ったことにより、相手方から受けるもの）を受けるケース、仕入割戻しを受けるケース、販売奨励金を受けるケースなどが該当し、その事実があった日の属する課税期間で、仕入にかかる消費税額から差し引くのです。

なお、一括比例配分方式を採用している場合には、返品等にかかる消費税額も比例配分相当額により、仕入にかかる消費税額から差し引くことになります。

ただし、

$$
\boxed{\begin{array}{c}\text{仕入にかかる}\\\text{消 費 税 額}\end{array}} < \boxed{\begin{array}{c}\text{返品等にかかる}\\\text{消 費 税 額}\end{array}}
$$

の場合には、マイナスしきれない金額を、売上にかかる消費税額に加えて納付することになります。

例えば、つぎのようなケースの場合を考えてみましょう。

(1)　令和6年10月から7年9月の事業年度の売上にかかる消費税額の合計　　100万円

(2)　令和6年10月から7年9月の事業年度の仕入にかかる消費税額の合計　　60万円

(3)　令和6年10月から7年9月の事業年度に返品した商品に含まれていた仕入税額

　　　ケース①　　　10万円

　　　ケース②　　　70万円

　　ケース①の場合

$$100万円 - (60万円 - 10万円) = 50万円$$

　　ケース②の場合

$$60万円 - 70万円 = ▲10万円$$

$$100万円 + 10万円 = 110万円$$

が納付税額となります。

```
ま と め
```

1. 仕入代金などに含まれている消費税額を売上にかかる消費税額から差し引くことを仕入税額控除という。

2. 輸出業者は、課税事業者に該当すれば、仕入税額控除の適用がある。

3. 免税事業者は、仕入税額控除の適用がない。

4. 仕入とは、商品の仕入、諸経費の支払い、設備の購入などをいう。

5. 適格請求書等の保存は、仕入税額控除の要件。

6. 公共交通機関の3万円未満の運送料等は、適格請求書の保存が免除される。

7. 免税事業者等からの仕入は、経過措置により、令和11年9月まで一定額の仕入税額控除ができる。

8. 輸入した貨物を引き取るときに課税される消費税も仕入税額控除の対象となる。

9. 返品してお金をもどしてもらう場合には、その返品をした日を含む課税期間の仕入にかかる消費税から返品分を差し引く。

5　仕入税額控除はどのように計算するか

仕入税額控除の計算方法は、

原則課税方式

　　　と

簡易課税方式

の2通りがあります。

経過措置として、小規模事業者にかかる2割特例があります。

（1）　原則としてどのように計算するか（原則課税方式）

保存された一定の事項が記載された帳簿および適格請求書等などの書類にもとづいて、仕入などに含まれる実際の消費税額をもとに計算する方法です。

したがって、原則課税方式により仕入税額控除の適用を受けるためには、課税仕入等の内容を記載した帳簿を保存し、**かつ**、課税仕入等にかかる適格請求書等を保存しなければなりません。

すなわち、帳簿と適格請求書等の両方の保存が必要になります。

課税資産の譲渡等の内容については、その内容が軽減対象資産であるか、それ以外の資産であるかが明確になるよう、基本的には個別の商品名等の記載が行われている必要があります。

仕入などに含まれる消費税および地方消費税額（消費税額等といいます。）は、原則として請求書などに記載されている金額から、つぎのように逆算して求めることになります。

① **標準税率10%の場合**

$$請求金額 \times \frac{10}{110} = 消費税額等$$

取引ごとの消費税額等を求めるときには、$\frac{10}{110}$ で計算します。

請求金額には、消費税（7.8%）と地方消費税（2.2%相当額）が含まれているからです。

消費税の申告税額を計算するときの仕入税額控除額は、まず、消費税額（7.8%）を計算しなければなりません。

課税仕入にかかる支払対価の額は、本体価格100、消費税額7.8、地方消費税額2.2から構成されています。

つまり、総額110のなかから、消費税額7.8に相当する額を計算しようというわけです。

したがって、課税期間に発生したすべての課税仕入の税込金額（消費税および地方消費税を含んだ金額）の合計に、

$$\frac{7.8}{110}$$

を乗じて計算した金額が、仕入税額控除額になります。

$$\boxed{\begin{array}{c} 課税仕入にかかる \\ 支払対価の額 \end{array}} \times \frac{7.8}{110} = \boxed{\begin{array}{c} 課税仕入に \\ かかる消費税額 \end{array}}$$

例えば、課税仕入にかかる支払対価の額の合計額が220,000,000円（税込金額）とすると、仕入税額控除額は、

$$220,000,000円 \times \frac{7.8}{110} = 15,600,000円 （1円未満切捨て）$$

となります。

② 軽減税率8％の場合

$$請求金額×\frac{8}{108}＝消費税額等$$

取引ごとの消費税額等を求めるときには、$\frac{8}{108}$ で計算します。

請求金額には、消費税（6.24％）と地方消費税（1.76％相当額）が含まれているからです。

消費税の申告税額を計算するときの仕入税額控除額は、まず、消費税額（6.24％）を計算しなければなりません。

課税仕入にかかる支払対価の額は、本体価格100、消費税額6.24、地方消費税額1.76から構成されています。

したがって、総額108のなかから、消費税額6.24に相当する額を計算しようというわけです。

したがって、課税期間に発生したすべての課税仕入の税込金額（消費税および地方消費税を含んだ金額）の合計に、

$$\frac{6.24}{108}$$

を乗じて計算した金額が、仕入税額控除額になります。

$$\boxed{\begin{array}{c}課税仕入にかかる\\支払対価の額\end{array}} × \frac{6.24}{108} = \boxed{\begin{array}{c}課税仕入に\\かかる消費税額\end{array}}$$

例えば、課税仕入にかかる支払対価の額の合計額が216,000,000円（税込金額）とすると、仕入税額控除額は、

$$216,000,000円 × \frac{6.24}{108} = 12,480,000円（1円未満切捨て）$$

となります。

（2） 特例ではどのように計算するか

消費税額等の積み上げによって仕入に対する消費税額を計算する特例（消費税額の計算の特例）があります。

【原　則】

　課税仕入にかかる消費税額は、原則としてその課税期間中に国内において行った課税仕入にかかる支払対価の合計額に$\frac{7.8}{110}$を乗じて計算した金額です（軽減税率の場合には$\frac{6.24}{108}$）。

【特　例】

①　事業者間取引では、領収書または請求書等に本体価格と1円未満の端数を処理した後の消費税額とを区分明示したうえで領収する方法も通常あります。

　　このような場合に、課税仕入の相手方が領収書または請求書等に1円未満の端数を処理した後の消費税額とを本体価額と区分して記載している場合で、

　　消費税額の計算の特例を適用できる事業者からの課税仕入についてはその別記した消費税額を仮払消費税として、

　　その仮払消費税額の$\frac{78}{100}$に相当する額に相当する金額を課税仕入に対する消費税額として計算することができます。

②　小売業等で「税込価格」を基礎とした代金決済を行う取引の特例

　　領収書または請求書等に税込金額と1円未満の端数を処理した後の消費税額とを記載している場合にも同様の処理をすることができます。

　　その明示された端数処理後の消費税額等の$\frac{78}{100}$に相当する額に相当

する金額を課税仕入に対する消費税額として計算することができます。

（3） 簡単に計算するにはどうするか（簡易課税方式）

売上にかかる消費税に一定の割合をかけて算出した金額を、仕入などに含まれる消費税額とみなす方法です。

したがって、この方式を選択した場合には、
仕入等に含まれる実際の消費税額を計算する必要がありません。

例えば、

売上にかかる消費税額を100万円、一定の割合を90％とすると、

　　　　100万円×90％＝90万円

を仕入等にかかる消費税とみなすことになります。

実際の仕入税額は70万円であったとしても、90万円を仕入税額とみなして控除します（詳細は第10章を参照して下さい。）。

（4） 小規模事業者にかかる仕入税額控除に関する経過措置（2割特例）

適用対象期間の課税売上の80％を仕入税額控除額とする制度です。

① 適 用 対 象 者

適格請求書等発行事業者制度を機に、免税事業者から適格請求書等発行事業者として課税事業者になった法人や個人事業者に適用されます。

具体的には、免税事業者が適格請求書等発行事業者の登録を受け、登録日から課税事業者となる者です。

②　適　用　期　間

　令和 5 年10月 1 日から令和 8 年 9 月30日までの日の属する各課税期間となります。

　たとえば、免税事業者である令和 6 年 3 月決算の会社が、令和 5 年10月 1 日から適格請求書発行事業者の登録を受けた場合は、令和 6 年 3 月決算分（10月から翌年 3 月分のみ）から令和 9 年 3 月分まで計 4 回の申告が適用となります。

③　手　　続　　き

　簡易課税のような事前の届出は必要ありません。

　申告時にその旨を付記すれば適用されます。

④　継続適用されるか

　消費税の申告を行うたびに 2 割特例を受けるかどうかの選択ができます。

　ただし、基準期間の課税期間における課税売上高が 1 千万円を超える年分には、適用できないことになります。

ま と め

1. 仕入税額控除の計算方法には、原則課税方式と簡易課税方式の2通りがある。

2. 原則課税方式は、課税期間中の課税仕入の合計額の$\frac{7.8}{110}$を仕入税額として控除する。

3. 簡易課税方式は、課税売上の一定割合を仕入税額とみなして控除する。

4. 免税事業者が課税事業者になり、適格請求書発行事業者になる場合は、2割特例制度の適用ができる。

（5）　いつ仕入控除できるか

消費税法では、仕入れたときが税額控除をするときです。

商品を仕入れたときは、売上が計上されているときはもちろん、売れずに在庫として残っているときも、税額控除をします。

仕入という事実が発生していればよいわけです。

売上に対応する必要はありません。

設備も、納品されて、稼動していれば、その設備にかかる消費税はすべて控除されます。

また、代金を払っているか、

代金を払っていないか（未払金）も

関係ありません。

仕入が発生していれば、控除できます。

①　物や設備を買ったときは、いつ控除するか

物や設備の購入において、仕入の発生時期とは、物や設備の引渡しを受けたときです。

つまり、前渡金すなわち前払いのときは、まだ仕入控除ができないということです。

建物の建設などで、頭金、中間金などを払いますが、これも建物が完成して、引渡しを受けるまでは仕入税額控除できません。

つまり、建設仮勘定の間は、仕入税額控除ができないということです。

資産の購入は引渡しを受けたときが、課税仕入の時期です。

したがって、割賦購入のときは、引渡しを受けさえすれば、全額が課税仕入となり、

　逆に、前払いの場合は、物の完成引渡しを受けて、初めて全額が課税仕入となります。

②　サービスの提供を受けたときは、いつ控除するか

　サービスの提供では、仕入の発生時期とは、サービスの提供が完了したときになります。

　つまり、前払いのときは、まだ仕入税額控除ができないことになります。前払費用として処理している間は控除できないということです。

　ただし、前払費用については、所得税法または法人税法の取扱いによる短期前払費用の特例の適用を受けるときは、支出したときが仕入税額控除の時期になります。

　郵便切手は、継続して購入時に課税仕入とする処理をしていれば、認められます。

　商品券は、贈答用として購入する限りは、課税仕入にはなりません。

③　建設仮勘定として経理したときは、いつ仕入税額控除の対象になるか

　事務所、工場等の建設工事や機械装置等の製造など完成引渡しまで長期間を要する場合には、全部の完成前に中間金等を支払う場合があります。

　この場合、支払った会社は建設仮勘定として処理し、完成引渡しを受けたときに建物や機械装置の資産に計上します。

　これらの資産にかかる消費税は完成引渡しを受けたときに仕入税額控除の対象となります。つまり、中間金等を支払った時点ではまだ仕入税額控除の対象にならないということです。

　ただし、全部の完成引渡しの前に目的物の一部の引渡しを受けたときは、

引渡しを受けた部分に対応する消費税を仕入税額控除の対象とすることができます。

　なお、一部の引渡しを受けるものがあった場合でも、建設仮勘定として経理処理した課税仕入にかかる支払対価について、全部引渡しを受けたときの属する課税期間における課税仕入にかかるものとしているときは、その処理も認められることになっています。

④　返還されないこととなる敷金の仕入税額控除の時期

　事務所等を賃借したときに敷金を支払いますが、その敷金の一部については返還されないことが契約時点で確定している契約があります。

　この場合、その貸付けを受ける時点において返還されない金額が確定していることから、返還されない部分の金額にかかる消費税については、事務所の貸付けを受ける時点で仕入税額控除の対象となります。

⑤　支払対価の額が確定していない場合

　資産の引渡しをすでに受けているが、その課税仕入を行った課税期間の末日までに、その課税仕入にかかる支払対価の額が確定していない場合があります。

　その場合には、その金額を適正に見積もり仕入税額控除の計算を行うこととされています。

　また、この場合において、翌課税期間以降に支払対価の額が確定しその見積額と確定額に差があるときは、その確定した日の属する課税期間で仕入税額控除額を調整することになります。

　なお、この取扱いは資産の譲渡等についてすでに引渡し等が完了している場合に適用されるのであって、引渡し等が完了していないものについて

の見積計上については適用されないことに留意しなければなりません。

（6）　旧税率適用分の計算

標準税率10％（消費税・地方消費税あわせて10％）は、令和元年10月1日以降の取引から適用されているわけですが、経過措置の適用があって、旧税率が適用される取引もあります。

①　旧税率（8％）適用分の計算（令和元年10月1日以後）

税率10％（消費税・地方消費税あわせて10％）は、令和元年10月1日以後の取引から適用されますが、経過措置の適用があって、旧税率（8％）が適用される取引もあります。

一定の資産の貸付や一定の請負工事等には経過措置が適用され旧税率（8％）が適用されます。

したがって、旧税率（8％）適用分が必要です。

経過措置適用の課税仕入にはつぎのような取引があります。

㋑　建物や設備等の購入……平成25年10月1日から平成31年4月1日までの間に締結した工事に係る請負契約にもとづき、令和元年10月1日以後に引渡しが行われるものには旧税率（8％）が適用されます。

㋺　資産の賃借……平成25年10月1日から平成31年4月1日までの間に締結した資産の賃借にかかる契約（一定の要件を満たすもの）にもとづき、平成31年4月1日前から賃借を行っている場合における、令和元年10月1日以後に行う取引には旧税率（8％）が適用されます。

㋩　その他……一定の旅客運賃等や電気料金等にも経過措置が適用される取引があります。

② 旧税率（5%）適用分の計算

　旧税率（消費税・地方消費税あわせて5%）が、令和元年10月1日以降も経過措置の適用があって、旧税率5%が適用される取引もあります。

　一定の資産のリースには経過措置が適用され現在も旧税率（5%）が適用されます。

　したがって、旧税率（5%）適用分が必要です。

　経過措置適用の課税仕入にはつぎのような取引があります。

○　資産の賃借……平成8年10月1日から平成25年9月30日までの間に締結した資産の賃借にかかる契約（一定の要件を満たすもの）にもとづき、平成26年4月1日前から賃借を行っている場合における、平成26年4月1日以後に行う取引には旧税率（5%）が適用されます。

ま　と　め

1.　物や設備の購入は、引渡しを受けたときに仕入税額控除の対象に
　なる。

2.　サービスの提供は、サービスの提供が完了したときに仕入税額控
　除の対象になる。

3.　前渡金や前払費用のときは仕入税額控除できない。

4.　法人税等の短期前払費用の特例を受ければ、仕入税額控除も同時
　にできる。

5.　建設仮勘定として経理したときは、完成引渡しを受けたとき仕入
　税額控除できる。

6.　返還されない敷金は、貸付けを受ける時点で仕入税額控除する。

7.　資産の引渡しを受けたが対価未確定の場合は適正な見積り額で仕
　入税額控除の計算をする。

6 控除できる仕入税額とは

(1) 原 則

原則は、

課税売上に対応する仕入税額だけを控除します。

課税売上に対応する仕入税額と、

非課税売上に対応する仕入税額に、

区分しなければなりません。

この区分の方法に、

個別対応方式

と

一括比例配分方式

があります。

といっても、一般の企業や個人事業者は、課税売上が大部分で、非課税売上の占める割合が少ないというケースがほとんどです。

そこで、**課税売上割合が95％以上であれば、すべて、仕入税額控除できる**こととしています。

このケースでは、上記のような複雑な区分の必要はありません。

(2) 課税期間の課税売上高が5億円を超える事業者の仕入税額控除 （課税売上割合が95％以上の場合の全額控除制度の不適用）

課税期間の課税売上高が5億円を超える場合には、課税売上割合が95％

以上であっても、全額仕入税額控除できるという制度の適用はできません。

　つまり、原則どおり、課税売上に対応する仕入税額だけが控除できるということになります。

　したがって、仕入税額を

　　　　課税売上に対応する仕入税額

　　　　非課税売上に対応する仕入税額

　　　　課税売上と非課税売上に共通する仕入税額

に区分する必要があります。

　課税仕入に該当する取引について、上記の3つの消費税区分を設けて仕入税額控除の計算ができるように準備しなければなりません（この方法を個別対応方式といいます。）。

　ただし、上記のような区分をせず、単純に課税売上割合によって配分する方法を適用することもできます（この方法を一括比例配分方式といいます。）。

　いずれによるかで、仕入税額控除できる金額に差異が生じますので慎重に検討しておく必要があります。

（3）　控除できない仕入税額とは

非課税売上に対応する課税仕入は、仕入税額控除の対象となりません。

　課税仕入、すなわち、消費税が課税される仕入であっても、控除できないケースがあるということです。

　ただし、課税売上割合が95％未満の会社または個人事業者にだけ適用されます。

　なお、課税期間の課税売上高が5億円を超える場合には、課税売上割合

が95％以上であっても適用されます。

　例えば、住宅（貸マンションや寮、社宅）を賃貸しているケースを考え
てみます。

　賃貸料収入は非課税売上です。

　この収入に対応する、

　　　　建設費（建物が完成した課税期間）

　　　　管理料、修繕費、保守料、備品消耗品費

などは、消費税が課税される取引です。

　すなわち、課税仕入です。

　ところが、賃貸料収入という非課税売上に対応する課税仕入に該当しま
す。

　したがって、仕入税額控除ができない課税仕入ということになります。

ま と め

1. 課税売上に対応する仕入税額が控除できる。

2. 非課税売上に対応する仕入税額は控除できない。

3. 課税売上割合が95％以上であれば、すべての仕入税額が控除できる。

4. 課税期間の課税売上高が5億円超の会社は、非課税売上に対応する仕入税額は控除できない。

7　控除できる仕入税額の計算方法

（1）　課税売上割合はどのように計算するか

　課税売上割合は、

　仕入税額控除を全額できるか、控除できるものと控除できないものに区分するのかを判定する場合と、

　区分が必要なケースに、個別対応方式または一括比例配分方式によって控除税額を求める按分方法として使用する場合に、

　必要なものです。

　その算式は、

$$課税売上割合 = \frac{当該課税期間中の課税売上高}{当該課税期間中の総売上高}$$

となります。

　当該課税期間中の総売上高とは、

　　　その期間中の課税売上高（税抜きの金額です。）

　　　免税となる輸出売上

　　　その課税期間中の非課税売上高

　　　金銭債権の譲渡にかかる対価の額の５％に相当する金額

の合計金額です。

　なお、金銭債権とは、貸付金、預金、売掛金その他の金銭債権をいい、資産の譲渡等の対価として取得したものは除かれます。

　非課税売上高とは、

　　　受取利息

　　　土地の譲渡収入

　　　　有価証券の譲渡収入

等が該当します。

　なお、有価証券の譲渡収入は、売却価額の5％を非課税売上として計算することになっています。

　例えば、

　①　商品売上高（課税売上）　　　　　　2,000

　②　輸出売上高（免税売上）　　　　　　 100

　③　住宅賃貸収入（非課税売上）　　　　 200

　④　受取利息（非課税売上）　　　　　　 50

　⑤　有価証券売却収入（非課税売上）　 1,000

とすると、課税売上割合は、

$$\frac{\overset{①}{2,000}+\overset{②}{100}}{\underset{①}{2,000}+\underset{②}{100}+\underset{③}{200}+\underset{④}{50}+\underset{⑤}{50}}\times100=87.5\%$$

となります。

　⑤は、有価証券売却収入ですから、売却収入の5％を非課税売上として計算します。

（2）　個別対応方式とはどのような計算方法か

　個別対応方式は、仕入などに含まれている消費税額を、

　①　**課税売上に対応する消費税**

　②　**非課税売上に対応する消費税**

　③　**課税売上と非課税売上に共通する消費税**

に区分し、つぎの算式で計算する方法です。

　　　　①＋③×課税売上割合

①は、課税売上にのみ要する課税仕入にかかる消費税であり、全額控除対象となります。

②は、非課税売上にのみ要する課税仕入にかかる消費税であり、全額控除対象となりません。

③は、①と②に共通して要する課税仕入にかかる消費税であるため、課税売上割合を乗じて按分する必要が生じるものです。

では、つぎのA社の例で、個別対応方式を計算してみましょう。

【標準税率10％の場合】

A社の課税売上等は、つぎのとおりです。

(1)　売上高（税抜金額）

　①　課税売上高（商品の売上高）　税率7.8％適用分　３億5,000万円

　　　　　　　　　　　　　　　　　軽減税率6.24％適用分　　　０円

　②　非課税売上高（有価証券の売却収入）　　　　　　　　　１億円

　③　非課税売上高（受取利息収入など）　　　　　　　　4,500万円

(2)　仕入（税込金額）

　①　課税売上に対応する仕入　　税率7.8％適用分　２億7,500万円

　②　課税売上に対応する経費　　税率7.8％適用分　　　880万円

　③　課税売上と非課税売上の両方に共通する経費

　　　　　　　　　　　　　　　　税率7.8％適用分　　4,180万円

　　　　　　　　　　　　　　　　軽減税率6.24％適用分　324万円

控除できる税額はつぎのように計算します。

まず、課税仕入にかかる消費税額を求めます。

(1)　消費税額

　　① 　課税売上に対応する仕入　　　　　　　　　　　　　1,950万円

$$\left[\, 2\,億7,500万円 \times \frac{7.8}{110} = 1,950万円 \,\right]$$

　　② 　課税売上に対応する経費　　　　　　　　　　　　62万 4 千円

$$\left[\, 880万円 \times \frac{7.8}{110} = 62万 4 千円 \,\right]$$

　　③ 　課税売上と非課税売上の両方に共通する経費　　　296万 4 千円

$$\left[\, 4,180万円 \times \frac{7.8}{110} = 296万 4 千円 \,\right]$$

(2)　仕入税額控除額

　　① 　課税売上に対応する分　　　　　　　　　　　　2,012万 4 千円

　　　　1,950万円 + 62万 4 千円 = 2,012万 4 千円

　　② 　課税売上と非課税売上の両方に共通する経費　　259万 3 千 5 百円

$$296万 4 千円 \times \frac{3\,億5,000千円}{4\,億円} = 259万 3 千 5 百円$$
（課税売上割合）

　　　合　　　計　　　　　　　　　　　　　　　　　　2,271万 7 千 5 百円

2,271万 7 千 5 百円が、このケースの場合に控除できる税額です。

非課税売上に対応する消費税は控除されません。

（3） 個別対応方式を適用する場合のポイント

個別対応方式を適用する場合のポイントは課税仕入を税率ごとに、

課税売上にのみ要するもの

非課税売上にのみ要するもの

課税売上と非課税売上の両方に共通して要するもの

のいずれかに区分することです。

まず、明確に課税売上にのみ要するものと明確に非課税売上にのみ要するものを抽出すれば、残りが課税売上と非課税売上の両方に共通して要するものということになります。

すなわち、どの売上とも明確な対応関係のないものは、課税売上と非課税売上の両方に共通して要するものに区分せざるを得ないということです。

特に、販売費および一般管理費の場合、課税売上と非課税売上の両方に共通して要するものが多いといわざるを得ません。

荷造運賃などは販売するものによって明確に区分できる課税仕入です。

一方、福利厚生費や水道光熱費や事務用品などは、課税資産だけの販売業であっても他に受取利息や社宅収入などの非課税売上がある以上、明確に課税売上にのみ要するものと区分することはできません。

したがって、これらの課税仕入は課税売上と非課税売上の両方に共通して要するものに区分せざるを得ません。

個別対応方式を適用する場合、日頃から、各経費と課税売上等との対応関係を緻密に管理し区分しておくことが求められるということです。

① 建物の建設費等にかかる課税仕入（個別対応方式の区分）

例えば、製造業を営んでいる会社が管理業務を行う本社ビルと課税製品

の製造のみを行う工場を所有しており、本社ビルを建設した場合にはつぎ
のように区分します。

　本社ビルの取得費用は課税売上と非課税売上の両方に共通して要するも
のに区分します。

　本社ビルは会社全体の事業を統括するため、

　課税売上と非課税売上の両方に共通して要するものに区分します。

　また、本社ビルで消費される電力料等の諸費用についても、同様に、

　課税売上と非課税売上の両方に共通して要するものに区分します。

　つぎに、工場で生ずる電力料等の諸費用については、その工場が課税資
産のみを生産する工場であれば、明確に課税売上にのみ要するものに区分
します。

②　社宅にかかる課税仕入の仕入税額控除（個別対応方式の区分）

　住宅の貸付けは非課税とされていますが、社宅や従業員寮等の貸付けも
非課税とされます。

　社宅や従業員寮等を従業員に貸し、使用料を徴収しますがそれは非課税
売上となります。

　この場合、他の者から借り上げている場合の賃借料や従業員寮等の維持
費については非課税売上に対応する課税仕入となります。

　したがって、明確に非課税売上にのみ要するものとして区分することに
なり、仕入税額控除はできないことになります。

（4）　課税売上割合に準ずる割合とは

　個別対応方式を採用する場合で、あらかじめ税務署長の承認を受けた場

合には、事業の種類ごとまたは費用の種類ごとに課税売上割合に代えて、課税売上割合に準ずる割合、

　例えば、

　　　従業員数割りや、

　　　床面積割り

などの合理的な割合で配分することもできます。

　承認を受けるためには、採用しようとする計算方法や、その計算方法が合理的である理由などを記載した申請書を、納税地を所轄する税務署長に提出しなければなりません。

（5）　たたまた土地を売却したために課税売上割合が95％未満になった　場合の課税売上割合に準ずる割合

　通常は課税売上割合が95％以上の会社が、たまたま土地を売却したことによって課税売上割合が95％未満になることがあります。

　この場合、課税・非課税共通対応の課税仕入等の税額については控除できない仕入税額が多く発生するケースがあります。

　そこで、「課税売上割合に準ずる割合」の承認申請をすることによって、合理的な割合によって課税・非課税共通対応の課税仕入等の税額を計算することができます。

　その場合の適用要件と計算方法はつぎのとおりです。

①　要　　　件

　つぎの⑦から⑪の要件のすべてを満たす場合に限って、承認申請が認められます。

④ 土地の譲渡が単発的なものであること

⑩ その土地の譲渡がなかったとした場合に、事業者の営業の実態に変動がないと認められること

⑪ 過去3年間で最も高い課税売上割合と最も低い課税売上割合の差が5％以内であること

② 計 算 方 法

つぎの④または⑩の割合のうち、いずれか低い割合により課税売上割合に準ずる割合の承認を受け、仕入にかかる消費税額の計算をすることができます。

④ 土地の譲渡があった課税期間の前3年に含まれる課税期間の通算課税売上割合

⑩ 土地の譲渡があった課税期間の前課税期間の課税売上割合

③ 手 続 き

「消費税課税売上割合に準ずる割合の適用承認申請書の提出」

　……その土地の譲渡があった課税期間中に提出して承認を受けます。

④ 課税売上割合に準ずる割合の適用を止める場合

「消費税課税売上割合に準ずる割合の不適用届出書の提出」

　……その土地の譲渡があった課税期間の翌課税期間に提出します。

その提出日の属する課税期間から原則的な方法により計算できます。

（6）　一括比例配分方式とはどのような計算方法か

一括比例配分方式は、仕入などに含まれている消費税額の合計額を、課税売上割合で一括按分して求める方法です。

仕入にかかる消費税の合計額×課税売上割合

この方法は、課税仕入を売上の種類ごとに区分しない、一種の簡便的な方法です。

では、つぎのB社の例で、一括比例配分方式を計算してみましょう。

【税率10%の場合】

B社の課税売上等は、つぎのとおりです。

(1)　売上高（税抜金額）

　①　課税売上高（商品の売上高）　税率7.8%適用分　3億5,000万円

　　　　　　　　　　　　　　　　　軽減税率6.24%適用分　　　0円

　②　非課税売上高（受取利息収入など）　　　　　　　5,000万円

(2)　課税仕入れ（税込金額）

　①　課税売上と非課税売上の両方に共通する課税仕入れ

　　　　　　　　　　　　　　税率7.8%適用分　3億3,000万円

　　　　　　　　　　　　　　軽減税率6.24%適用分　324万円

控除できる税額はつぎのように計算します。

まず、課税仕入れにかかる消費税額を求めます。

(1)　消費税額

　税率7.8%適用分

$$3億3,000万円 \times \frac{7.8}{110} = 2,340万円$$

　軽減税率6.24%適用分

$$324万円 \times \frac{6.24}{108} = 187,200円$$

(2)　仕入税額控除額

　すべて課税売上割合を乗じて控除額を計算します。

$$2,340万円 \times \frac{3億5,000万円}{4億円} = 20,475千円$$

$$187,200円 \times \frac{3億5,000万円}{4億円} = 163,800円$$

合　　計　　　　　　　　　　$\overline{20,638,800円}$

20,638,800円が、このケースの場合に控除できる税額です。

　注意すべきポイントは、

　一括比例配分方式を採用した事業者は、この方式を2年間は継続適用し
なければならないことです。

　個別対応方式が有利なときでも、任意に変更はできません。

　逆に、個別対応方式からの一括比例配分方式への変更は、任意の課税期
間においてできます。

　両方式を図で示すと、つぎのようになります。

【一括比例配分方式】

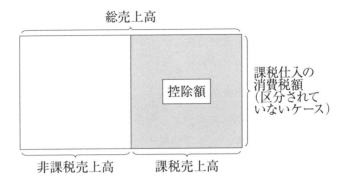

【個別対応方式】

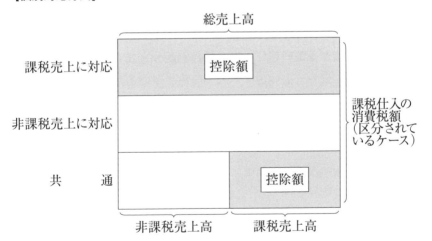

（7）　一括比例配分方式の継続適用義務

課税売上高が5億円超の会社と、

課税売上高が5億円以下の会社で課税売上割合が95％未満の会社は、

課税売上に対応する仕入税額だけを控除します。

その場合の計算方法として、

個別対応方式

　　か

一括比例配分方式

のいずれかを選択して計算します。

　そこで注意すべきポイントは、

　一括比例配分方式を適用した場合には、その適用した課税期間の初日から２年の間に開始する課税期間中は一括比例配分方式の継続適用が義務づけられていることです。

　個別対応方式が有利なときでも、任意に変更できません。

　逆に個別対応方式から一括比例配分方式への変更は任意にできます。

① **課税売上高が５億円超になり一括比例配分方式で計算した翌課税期間に課税売上高が５億円以下、かつ課税売上割合が95％以上になった場合**

　一括比例配分方式を適用した場合には、その適用した課税期間の初日から２年の間に開始する課税期間中は一括比例配分方式の継続適用が義務づけられています。

　課税売上高が５億円超の課税期間が継続している場合には当然継続適用が義務づけられます。

　しかし、課税売上高が５億円超になり仕入税額控除を一括比例配分方式で計算した翌課税期間に、課税売上高が５億円以下となり、かつ課税売上割合が95％以上になった場合の仕入税額控除の計算方法はどうするのかという疑問が生じます。

　この場合、翌課税期間は課税売上高が５億円以下となり、かつ課税売上割合が95％以上になったということですので、たとえ一括比例配分方式の

継続適用期間中であっても全額仕入税額控除ができることになります。

　一括比例配分方式を変更したということにはなりませんし、2年間継続適用されたということにもなります。

②　上記①の事業者が翌々課税期間にて再び課税売上高が5億円超になった場合

　繰り返しになりますが、一括比例配分方式を適用した場合には、その適用した課税期間の初日から2年間の間に開始する課税期間中は、一括比例配分方式の継続適用が義務づけられています。

　課税売上高が5億円超の課税期間が継続している場合には、当然2年間は継続適用が義務づけられます。

　しかし、課税売上高は5億円超になったり、5億円以下になったりと変動するものです。かつ、課税売上割合も変動します。

　上記①のように課税売上高が5億円以下となった場合にも、一括比例配分方式が2年間継続適用された後であれば、翌々課税期間において、もし課税売上高が5億円超になった場合には改めて一括比例配分方式か個別対応方式の選択を検討できるということになります。

ま　と　め

1.　仕入税額控除の原則課税方式の計算方法には、個別対応方式と一括比例配分方式がある。

2.　個別対応方式とは、課税売上、非課税売上、共通分に課税仕入を区分して計算する方法をいう。

3.　一括比例配分方式とは、課税仕入を区分しないで、単純に課税売上割合で按分計算する方法をいう。

4.　課税売上割合の他に、床面積割合や人数割合などの合理的方法で計算できる。

5.　たまたま土地を売却したため課税売上割合が95％未満になったときは、「課税売上に準ずる割合」の承認申請をすることにより合理的な割合で計算できる。

6.　一括比例分配方式には継続適用義務がある。

8　仕入税額控除の調整計算

（1）　課税売上と非課税売上の割合が大きく変動する事業者の特例

課税売上と非課税売上の両方がある事業者で、

高額な固定資産を購入してから、3年の間に、課税売上と非課税売上の割合が大きく変動したとき、3年後も現にその固定資産がまだ使用されているときには、その固定資産にかかる仕入税額の控除額を調整する必要があります。

この調整計算において注意すべき点は、仕入税額控除の計算を、

原則課税方式で行っている事業者に適用され、

簡易課税を適用している場合は適用されない

ということです。

免税事業者である課税期間がある場合にも適用されます。

ただし、3年目に免税事業者である場合には適用されません。

　3年目の課税期間に対象固定資産を所有していない場合（売却したようなケース）には適用されません。

　課税売上割合が95％以上の場合にも適用されます（課税売上割合の大小には関係ないということです。）。

（2）　高額な固定資産とは

　調整の対象となる固定資産とは、その取得価額が税抜きで**100万円以上**のつぎに掲げる資産です。

建物およびその附属設備、構築物、機械装置、船舶、航空機、

車輌運般具、工具、器具備品、特許権などの無形固定資産、

ゴルフ会員権、生物、

これらに準ずるもの

これらの資産のことを、

調整対象固定資産

といいます。

（3）　どのくらい売上の割合が変動したら対象になるか

購入したときの課税売上割合に比べて、3年間の通算課税売上割合が、50％以上変動し、かつ、購入時の課税売上割合と通算課税売上割合との差が5％以上のとき、

この調整計算の対象になります。

$$
①\left[\begin{array}{l} \dfrac{\left[\begin{array}{l}\text{通算課税}\\\text{売上割合}\end{array}\right] - \left[\begin{array}{l}\text{購入時の}\\\text{課税売上割合}\end{array}\right]}{\text{購入時の課税売上割合}} \geqq \dfrac{50}{100} \\[20pt] \text{通算課税売上割合} - \text{購入時の課税売上割合} \geqq \dfrac{5}{100} \end{array} \right]
$$

または

$$
②\left[\begin{array}{l} \dfrac{\left[\begin{array}{l}\text{購入時の}\\\text{課税売上割合}\end{array}\right] - \left[\begin{array}{l}\text{通算課税}\\\text{売上割合}\end{array}\right]}{\text{購入時の課税売上割合}} \geqq \dfrac{50}{100} \\[20pt] \text{購入時の課税売上割合} - \text{通算課税売上割合} \geqq \dfrac{5}{100} \end{array} \right]
$$

通算課税売上割合とは、

つぎの算式で計算します。

$$\frac{3\,年間の課税売上高の合計}{3\,年間の総売上高の合計}$$

算式中の売上高は、売上返品等の額は控除し、税抜金額で計算します。

例えば、

購入時の課税売上割合　　　　　90%

3年間の通算課税売上割合　　　40%

とすると、

$$\frac{90\% - 40\%}{90\%} = \frac{50}{90} \geqq \frac{50}{100}$$

$$90\% - 40\% \geqq 5\%$$

となり、

購入時に控除した固定資産にかかる消費税のうちの一部分を3年目に控除すべき仕入税額から減額する調整が必要になります。

つまり、いったん控除した仕入税額の一部分が控除されない結果になるわけです。

逆に、控除できなかった仕入税額が、控除できるようになることも生じます。

（4）　調整計算の方法は

調整を行うべき仕入税額は、つぎのように計算します。

① 　通算課税売上割合が購入時の課税売上割合よりも50%以上増加した場合、つぎの金額を仕入控除税額に加算します。

$$\left[\begin{matrix}調整対象固定資産\\にかかる消費税額\\ⓐ\end{matrix} \times \begin{matrix}通算課税\\売上割合\end{matrix}\right] - \left[ⓐ \times \begin{matrix}購入時の\\課税売上割合\end{matrix}\right]$$

② 通算課税売上割合が購入時の課税売上割合よりも50％以上減少した場合、つぎの金額を仕入控除税額から減算します。

$$\left[ⓐ\times\begin{array}{l}購入時の\\課税売上割合\end{array}\right] - \left[ⓐ\times\begin{array}{l}通算課税\\売上割合\end{array}\right]$$

（5） 固定資産を課税業務用から非課税業務用に変更したときは

購入時に、個別対応方式により仕入税額控除の適用を受けた調整対象固定資産を、

購入時より3年以内に用途を変更した場合には、仕入税額控除の調整を行うことになっています。

用途の変更とは、

課税業務用から非課税業務用へ

非課税業務用から課税業務用へ

変更することをいいます。

この用途の変更のことを、「**転用**」といいます。

調整額は、つぎのようになります。

〔**課税業務用から非課税業務用**〕

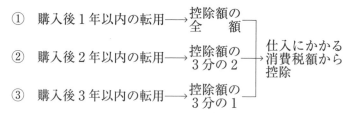

① 購入後1年以内の転用 ⟶ 控除額の全額

② 購入後2年以内の転用 ⟶ 控除額の3分の2

③ 購入後3年以内の転用 ⟶ 控除額の3分の1

　→ 仕入にかかる消費税額から控除

〔非課税業務用から課税業務用〕

① 購入後1年以内の転用 ⟶ 控除額の
全　　額

② 購入後2年以内の転用 ⟶ 控除額の
3分の2　⟶ 仕入にかかる
消費税額に加算

③ 購入後3年以内の転用 ⟶ 控除額の
3分の1

ま　と　め

1. 課税売上と非課税売上の割合が大きく変動すると、固定資産の仕入税額控除額を調整する。

2. 購入日から3年経過する課税期間で調整する。

3. 調整対象固定資産は取得価額100万円以上のものである。

4. 課税業務用から非課税業務用に取得価額100万円以上の固定資産を購入後3年以内で転用したときも仕入税額控除の調整がある。

5. 非課税業務用から課税業務用に購入後3年以内で転用したときも調整がある。

9　帳簿の記載と保存

令和5年10月1日から適格請求書等保存方式（いわゆる「インボイス制度」）が適用されています。

（1）　適格請求書等とは

適格請求書等とは、

売手が、買手に対し正確な適用税率や消費税額等を伝えるための手段

であり、一定の事項が記載された請求書や納品書その他これらに類する書類をいいます。

適格請求書等を交付できるのは、適格請求書発行事業者に限られます。

適格請求書発行事業者となるためには、税務署長に

適格請求書発行事業者の登録申請書

を提出し、登録を受ける必要があります。

なお、課税事業者でなければ登録を受けることはできません。

免税事業者は発行することができません。

（2）　適格請求書等保存方式とはどういうものか

原則課税方式により仕入税額控除の適用を受けるためには、課税仕入等の内容を記載した帳簿を保存し、かつ、課税仕入等にかかる請求書（適格請求書または適格簡易請求書）を保存しなければなりません。

〈適格請求書等保存方式での請求書等の記載事項〉

① 適格請求書発行事業者の氏名または名称および登録番号

② 課税仕入を行った年月日

③ 課税仕入にかかる内容

④ 軽減対象資産の譲渡にかかるものである旨

⑤ 税率ごとに合計した対価の額（税抜きまたは税込み）および適
用税率

⑥ 消費税額（端数処理は一請求書当たり、税率ごとに1回ずつ）

⑦ 書類の交付を受ける事業者の氏名または名称

〈適格簡易請求書の記載事項〉

① 適格請求書発行事業者の氏名または名称および登録番号

② 課税仕入を行った年月日

③ 課税仕入にかかる内容

④ 軽減対象資産の譲渡にかかるものである旨

⑤ 税率ごとに合計した対価の額（税抜きまたは税込み）および適
用税率

⑥ 消費税額（端数処理は一請求書当たり、税率ごとに1回ずつ）

（適用税率、消費税額はいずれか一方の記載でたります。）

（3）　適格請求書等保存方式での帳簿の記載事項

> イ　課税仕入の相手方の氏名または名称
>
> ロ　課税仕入を行った年月日
>
> ハ　課税仕入にかかる内容（軽減対象資産の譲渡にかかるものである旨）
>
> ニ　対価の額

〈保存が必要となる請求書等〉

> イ　適格請求書または適格簡易請求書
>
> ロ　仕入明細書等（適格請求書の記載事項が記載されており、相手方の確認を受けたもの）

〈帳簿のみの保存で仕入税額控除が認められる場合〉

> イ　公共交通機関である船舶、バスまたは鉄道による旅客の運送（3万円未満のものに限ります。）
>
> ロ　自動販売機により行われる課税資産の譲渡等（3万円未満のものに限ります。）
>
> ハ　郵便切手を対価とする郵便サービス（郵便ポストに差し出されたものに限ります。）

（4）　区分記載請求書等保存方式とはどういうものか

〈区分記載請求書等保存方式での帳簿等の記載事項〉

① 課税仕入の相手方の氏名または名称

② 課税仕入を行った年月日

③ 課税仕入にかかる内容

④ 軽減対象資産の譲渡にかかるものである旨

⑤ 課税仕入にかかる支払対価の額

〈区分記載請求書等保存方式での請求書等の記載事項〉

① 書類の作成者の名称

② 取引を行った年月日

③ 取引の内容

④ 軽減対象資産の譲渡等である旨

⑤ 取引の対価

⑥ 税率ごとに合計した対価の額（税込）

⑦ 書類の交付先の名称

　書類の交付先の名称については、小売業、飲食店業、写真業、旅行業、一般乗用旅客自動車運送事業、駐車場業（不特定かつ多数の者を対象とする者に限ります。）その他これらに準ずる事業については、省略することができます。

（5） 仕入の内容はどのように記載するか

〈帳簿の記載事項〉

a 仕入の相手方の名称

b 仕入を行った年月日

c 仕入の内容（軽減税率対象資産の譲渡にかかるものである旨）

d 支払金額

仕入の内容については、具体的にはつぎのように記載します。

① 商品仕入に属する課税仕入

ⓐ 一般的な総称で記載できる

　課税仕入にかかる資産または役務の内容について、商品の一般的な総称でまとめて記載するなど、申告時に請求書等を個々に確認することなく帳簿にもとづいて仕入控除税額を計算できる程度の記載で差し支えありません。

　総称とは、例えば、

・青果店……野菜、青果または食料品

・魚介類の卸売業者……魚類、乾物または食料品

などをいいます。

　ただし、課税商品と非課税商品がある場合（例えば、ビールとビール券）には、区分して記載する必要があります。

ⓑ 一定期間分の取引をまとめて記載できる

　継続的に商品仕入を行っている取引先から毎月1回仕入代金を請求

される場合は、帳簿の記載にあたっては、課税仕入の年月日を「○月分」とし、合計請求金額を記載することができます。

　ただし、一般的な総称による商品名が2以上ある場合には、一般的な総称による商品ごとに区分して記載する必要があります。

ⓒ　仕入帳等の記載方法

　仕入帳等、仕入先ごとに別口座となっている帳簿を作成している場合で、仕入先ごとに仕入れる商品の一般的な総称が単一のときは、その仕入帳の各仕入先の最初のページに仕入先の名称および仕入商品の総称を記載すれば、その後の帳簿への記載は、仕入年月日、仕入金額を記載するだけで記載事項を満たすことになります。

（仕入帳の記載例）

（記載例1）　1回の仕入の記載を商品ごとに記載

仕　入　帳

（渋谷区渋谷1−1−1　A製造株式会社）

令和X年 月　日	品　　　名	数　量	単　価	仕入金額	支払金額	残　　高
9　1	前 月 繰 越					1,000,000
12	仕入小ネジ	500	1,000	500,000		
〃	仕入木ネジ	300	900	270,000		
〃	仕入丸ネジ	1,000	800	800,000		2,570,000

　このように、一般的な総称が同じ商品の場合には、つぎのようにまとめて記載することができます。

（記載例2）一般的な総称が同じ商品をまとめて記載

仕　入　帳

（渋谷区渋谷1－1－1　　A製造株式会社）

令和X年 月　日		品　　　名	数　量	単　価	仕入金額	支払金額	残　　　高
9	1	前　月　繰　越					1,000,000
	12	仕入（ネジ類）			1,570,000		2,570,000

　商品コード表がある場合や請求書等に品名とコード名が記載されている場合には、品名をコード（記号・番号）で記載することができます。

（記載例3）部品番号等による記載

仕　入　帳

（渋谷区渋谷1－1－1　　A製造株式会社）

令和X年 月　日		品　　　名	数　量	単　価	仕入金額	支払金額	残　　　高
9	1	前　月　繰　越					1,000,000
9	12	仕入（No.615）	500	1,000	500,000		
	〃	仕入（No.715）	300	900	270,000		

　一般的な総称が同一である場合は、課税仕入の内容を最初の事項に記載してあれば、納品書等の番号で記載することができます。

（記載例４）納品書等の番号による記載

仕 入 帳

（渋谷区渋谷１－１－１　Ａ製造株式会社）（仕入商品　ネジ類）

令和X年 月 日	品　　　名	数　量	単　価	仕入金額	支払金額	残　　　高
9　1	前 月 繰 越					1,000,000
12	仕入納品書№50			1,570,000		
14	仕入納品書№51			2,100,000		

② **経費に属する課税仕入**

ⓐ　一般的な総称で記載できる

　課税仕入にかかる資産または役務の内容について、例えば、文房具屋さんからボールペンと消しゴムを購入したとします。

　この場合に帳簿には、個々の商品（ボールペンとか消しゴム）ごとに記載するのか、文房具という総称で記載するのかということですが、これは文房具という一般的な総称を記載すればよいということです。

　ただし、文具券（非課税）とボールペンのような課税品と非課税品が混在する場合には、区分して記載する必要があります。

　また、複数の一般的な総称の商品を１回の取引で購入した場合、例えば、文房具と書籍を購入した場合には、文房具等というようにまとめて記載してよいことになっています。

　ただし、この場合にも、課税品と非課税品が混在する場合には、区分して記載する必要があります。

ⓑ　一定期間分の取引をまとめて記載できる

　例えば、文房具屋から月中に10回購入し、１ヶ月分まとめて請求書がくるような場合です。

このような場合、1ヶ月分をまとめて記載してよいということです。

すなわち、「4月分文房具」というように、1ヶ月分をまとめて記載してよいということです。

③ 帳簿の範囲

仕入税額控除の適用要件として保存すべき帳簿とは、記載すべき事項がすべて記載されている帳簿であればよく、総勘定元帳に限定されるものではありません。

帳簿には、仕訳帳、仕訳伝票、補助簿、補助元帳（現預金出納帳、仕入帳、経費帳等）、総勘定元帳等があります。

④ 仕入の相手方の名称

帳簿の記載事項として法定されているのは、課税仕入の相手方の「氏名または名称」です。

例えば、会社であれば「株式会社山田商店」と記載することが原則です。

ただし、課税仕入の相手方について正式な名称が記載されている取引先名簿等が備え付けられていること等により課税仕入の相手方が特定できる場合には、例えば「山田商店」、「取引先コード等の記号番号等による表示」のような記載であっても差し支えありません。

第 9 章

課税仕入とは

1　課税仕入とは

第8章で、仕入税額控除について学習しました。

この章では、仕入税額控除の対象となる仕入について、もう少し詳しい解説をします。

繰り返しになりますが、消費税法でいう仕入とは

商品の仕入

諸経費の支払い

固定資産（設備等）の購入

などをいいます。

これらの仕入のうち、仕入税額控除の対象となる仕入を課税仕入といいます。

そこで、課税仕入となる仕入かどうかを判定することが重要になります。

商品の仕入は一般的に課税品の仕入が大部分ですが、商品券などの物品切手等、一定の身体障害者用物品（例えば車イス等）および教育用図書などの非課税取引に該当する物品の仕入は課税仕入になりません。

固定資産の購入についても課税仕入になるものが多いですが、土地や有価証券などの非課税物品の購入は当然ですが課税仕入にはなりません。

諸経費の支払いにはいろいろな経費があるので

課税仕入になる経費なのか

非課税取引になる経費なのか

課税対象にならない経費なのか

を判定しなければなりません。

寮や社宅の家賃、借入金利息の支払いや支払地代などの非課税とされる

役務の提供や非課税資産の購入などは非課税取引になる経費です。

　給与・賃金等の人件費や慶弔見舞金や寄附金などは消費税の課税対象と
ならない経費です。

　消費税が非課税であったり、消費税の対象にならない取引は仕入であっ
ても課税仕入になりません。

　経費の支払いや資産の購入であっても課税仕入にならないということで
す。

2 仕入税額控除のできない取引とは

消費税の課税対象とならない取引について支払いがあっても、仕入税額控除は当然のことですができません。

代表的なものは、人件費の支払いや、土地や有価証券の購入です。

その他、支払利息、慶弔見舞金、寮や社宅の家賃、寄附金、会費、入会金などが仕入税額控除できない取引に該当します。

表にまとめると、つぎのとおりです。

非課税資産の譲渡に該当するもの	土地、有価証券、郵便切手(注)、印紙、商品券等の購入
非課税とされる役務の提供に該当するもの	借入金の利子、法定福利費、保険料、保証料、国等が行う行政サービス、住宅の賃借
社会政策上、非課税とされたサービス	医療、社会福祉、学校教育等
課税対象とならないもの	国外での取引、給料、賃金等の労務費、減価償却費、租税公課、慶弔見舞金、寄附金、会費、損害賠償金等

(注) 郵便切手は、購入時に継続して課税取引とする処理をしていれば、購入時に仕入税額控除ができます。

(1) 給料や賞与に仕入税額はあるか

給与等については、消費税の課税対象から除かれています。

したがって、課税仕入には該当しません。

給与等とは、給料、賃金、俸給、歳費および賞与並びに退職金をいいます。

会社が負担する健康保険料、厚生年金保険料、労災保険料および雇用保険料も、課税仕入には該当しません。

（2）　土地や株式の購入に仕入税額はあるか

土地や有価証券の譲渡には消費税を課さないことになっています。

したがって、有価証券や土地を購入し対価を支払う側でも、当然、課税仕入には該当しないわけです。

（3）　会費、入会金、負担金について

同業者団体、組合等がその構成員から収受する会費、組合費等については、その同業者団体等が構成員に対して行うサービスの提供と会費等の間に明確な対価関係があるかどうかによって、課税取引かどうかを判定することになっています。

しかし、この判定が困難なケースが多いため、同業者団体（会費を受け取る側）と構成員（会費を支払う側）とが一致して不課税としているときは、課税対象としないことになっています。

そこで、この場合、同業者団体等（会費を受け取る側）は、不課税として取り扱う旨を支払う側の構成員に通知することになっています。

ま　と　め

1.　給料、賞与、退職金、法定福利費などの人件費は、仕入税額控除
の対象とならない。

2.　有価証券や土地の購入も仕入税額控除はできない。

3.　住宅家賃、保険料、支払利息等も仕入税額控除できない。

4.　国外での取引、減価償却費、租税公課等も仕入税額控除の対象と
ならない。

3　給与等以外の人件費は仕入税額控除できるか

　給与等以外にも、派遣費用や通勤手当および出向者等の給与負担金などの人件費があります。

　これらが仕入税額控除できるかどうかはつぎのとおりです。

（1）　派 遣 費 用

　労働者の派遣を受ける会社とその会社に派遣されてくる労働者との間に、雇用関係がないと認められる場合には、会社が派遣会社に支払う金銭は労働者の派遣にかかる対価（労働者派遣料）であり、給与に該当しないことになり消費税の課税の対象になります。

　したがって、対価を支払った会社は仕入税額控除できることとなります。

（2）　出向先会社が出向元会社に支払う給与等の負担金

　親会社の使用人が子会社等へ出向した場合に、その出向者に対する給与が出向元会社の親会社から支給される場合があります。

　この場合には、その使用人の労務は出向先会社である子会社に対して提供されていますので、親会社において支給する出向者に対する給与相当額は、給与負担金等の名目で子会社が親会社に支払います。

　この場合の出向者の給与負担金については、出向先である子会社がその出向者に対して給与を支給したものと同様と考えられますので、その負担金は仕入税額控除ができません。

給与負担金には、給与、賞与、法定福利費、退職給付引当金等を含みます。

それ以外に、例えば通勤費など課税取引になるものを負担した部分は仕入税額控除ができます。

（3）　通　勤　手　当

社員等に支給する通勤手当のうち、その社員がその通勤に必要な交通機関の利用等のために支出する費用に充てるものとして支給した場合に、その通勤に通常必要であると認められる部分の金額は、会社が課税仕入に該当する定期券等を購入して社員に交付するのと同じであることから、課税仕入にかかる支払対価に該当することとして取り扱われています。

なお、その通勤手当が所得税法上の非課税限度額を超えるためその超える部分が給与に該当する場合がありますが、消費税の取扱いにおいては、その通勤手当がその通勤に通常必要であると認められるものである限り、仕入税額控除ができます。

（4）　単身赴任手当等

給与等については、消費税の課税対象から除かれています。

したがって、課税仕入には該当しません。

会社は基本給以外に扶養手当、資格手当、役職手当、時間外手当という諸手当を支給しますが、これらも給料であり課税仕入には該当しません。

したがって、会社が負担する諸手当で給与に該当するものは、もちろん仕入税額控除ができません。

　上記の諸手当の他にも、単身赴任手当、住居手当、利子補給金や帰省費用などの諸手当があります。

　これらも給与に該当するものになりますので、仕入税額控除ができません。

（5）　社宅や寮の家賃にかかる仕入税額控除

　住宅の貸付は非課税とされています。

　この場合の住宅とは、人の居住の用に供する家屋または家屋のうち人の居住の用に供する部分をいうこととされており、一戸建て住宅、アパート、マンション、社宅等が該当することになります。

　したがって、これらの住宅を会社の社宅や寮のために会社が借りる場合の支払家賃は非課税取引として仕入税額控除ができません。

ま と め

1.　派遣費用の支払いは仕入税額控除できる。
2.　出向先会社が負担する給与負担金は、通勤費など課税取引になるものを除き仕入税額控除できない。
3.　通勤手当は仕入税額控除できる。
4.　単身赴任手当等の諸手当は給与に該当するものは仕入税額控除できない。
5.　社宅や寮の家賃（借上げ）は仕入税額控除できない。

4 出張旅費等の経費は仕入税額控除できるか

（1） 出張旅費、宿泊費、日当

　会社の使用人等がその職務を遂行するために行う旅行、転任に伴う転居のために行う旅行、または就職若しくは退職した者等のその就・退職に伴なう転居のために行う旅行をした場合に、その旅行に必要な支出に充てるため会社から金品が支給されることがあります。

　その旅行について通常必要であると認められるものは、会社の業務上の必要にもとづく支出であり、出張旅費、宿泊費および日当等は課税仕入にかかる支払対価に該当することとして取り扱われます。

　その支給する金品が、その旅行に通常必要であると認められる範囲内であるかどうかは、その旅行の目的地、期間等の個別的事情のほか、その支給額が社会通念上合理的と認められる支給基準によっているものかどうかを勘案して判定します。

　したがって、会社が使用人等に旅費等として支給する金品であっても、会社の職務遂行のための旅行といえないものや、その旅行に通常必要であると認められる金額を超えて支給される部分の金額は、課税仕入に該当しないため仕入税額控除できません。

（2） 出張旅費等の帳簿保存の適用について

　出張旅費等の課税仕入の相手方は、その出張旅費が支払われる従業員とされています。

したがって、請求書等の保存は必要なく、しかも、保存すべき帳簿には、

- 従業員に支給した出張旅費であること
- 課税仕入の相手方としてその従業員の氏名を記載しておくこと

で仕入税額控除の適用要件を満たすものとして取り扱われます。

　一方、実費精算によった場合には、会社の従業員が記入した「精算書」を保存して、その「精算書」と、出張旅費の支出に関する内容を記載した帳簿を保存することによって、仕入税額控除の適用要件を満たすものとして取り扱われます。

（3）　従業員の通信教育費の負担

　社員が受講する通信教育費の負担金を仕入税額控除の対象とできるかどうかは、まず、つぎの要件が必要になります。

　1つは業務に必要な通信教育であるかどうかということです。

　業務に必要な通信教育であれば、会社が支出した通信教育の受講費は、会社が役務の提供を受けた対価の支払いとして仕入税額控除の対象とすることができます。

　もう1つはその支払方法です。

　会社が業務上必要である通信教育を申し込み、その役務の提供を受けた対価を直接支出した場合には仕入税額控除の対象となります。

　社員がその業務上必要である通信教育を申し込み、社員に対して現金支給した場合には、原則として給与となり、仕入税額控除の対象となりません。

　ただし、会社がその受講料の支払いにかかる支払先の領収書を会社宛に受け取った分については、課税仕入に該当するものとして取り扱うことと

されています。

　なお、業務上必要でない通信教育費を負担した場合には、その支払方法にかかわらず、社員に対する給与として取り扱われますので仕入税額控除の対象とすることができません。

　社員のスキルアップ・自己啓発を目的とした通信教育やe−ラーニングといった費用は、直接会社の業務に必要な教育費用とはいえません。

　したがって、会社が負担した金額は給与として取り扱われ、仕入税額控除の対象とすることができません。

（4）　スポーツクラブの入会金

　会社が、従業員の福利厚生のためにスポーツクラブ等に入会することがあります。

　この場合、スポーツクラブ等の施設を会員に利用させるための入会金（返還されない部分に限ります。）は、その入会金は資産の譲渡等の対価に該当します。

　したがって、会社の支払った入会金等のうち退会時に返還されない部分の金額については、役務の提供の対価として仕入税額控除の対象となります。

　なお、退会時に返還される部分の金額については、そもそも預け金ですので役務の提供の対価とはなりません。

ま　と　め

1.　出張旅費、宿泊費、日当は、その旅行に通常必要であると認められる金額は仕入税額控除できる。
2.　業務に必要な通信教育の受講費は仕入税額控除できる。
　　会社が直接支払ったもの、社員が一旦支払い会社宛領収書を受け取り会社が負担したものが仕入税額控除できる。
3.　社員のためのスポーツクラブ等の入会金のうち返還されない部分は仕入税額控除できる。

5　交際費や寄附金は仕入税額控除の対象となるか

　接待のための飲食費、ゴルフ場での接待費、国内旅行への招待費用や御中元・お歳暮の物品の贈呈費用などは消費税が課税される取引ですので、仕入税額控除ができます。

　また、金銭の寄附金は、それによって反対給付（資産の譲受け等）を受けるということはありませんので、課税仕入に該当しません。

　得意先への物品切手等の贈呈や、現物による寄附はつぎのように取り扱われます。

（1）　ビール券等の購入費用（交際費）

　ビール券等の物品切手等の購入時は非課税とされ仕入税額控除の対象となりませんが、ビール等に引き換えた場合には仕入税額控除の対象となります。

　しかし、ビール券を贈答用として購入し得意先に贈呈する場合、ビールを自社が購入するということはないので仕入税額控除の対象にはなりません。

（2）　現物による寄附（寄附金）

　通常、寄附金は金銭により支出し、それによって反対給付（資産の譲受け等）を受けるということはありませんから、課税仕入に該当しません。

　しかし、例えば書籍を購入し学校等に寄附するということがあります。

　この場合、書籍の購入と寄附という2つの側面があります。

　書籍の購入は資産の取得に該当（寄附のため）し、それは課税仕入に該当することになるので仕入税額控除の対象となります。

　なお、個別対応方式で計算する場合、寄附は対応する売上がないため、課税・非課税売上に共通して要するものとして取り扱います。

```
ま　と　め

1.　ビール券等を贈答用として購入する場合は仕入税額控除できない。

2.　現物を購入し寄附する場合の購入費用は仕入税額控除できる。
```

6 国 外 取 引 等

消費税は、国内において事業者が行う資産の譲渡等を課税の対象としています。

したがって、国外において行われた取引について対価を支払った場合には課税の対象となりません。

(1) 国外と国内のどちらにおいて行われた取引かの判断がポイント

この点については取引の態様によってつぎにより行うことになります。

① 資産の譲渡または貸付けの場合

原則として、その資産の譲渡または貸付けが行われる時において、その資産の所在していた場所が国内である場合には、国内取引となります。

ただし、必ずしもこの判定基準になじまない資産（船舶、航空機、特許権、著作権、営業権等）については、個別に判定基準が設けられています。

原則は、譲渡または貸付け時にその資産が国内にあれば、国内取引ということです。

② 役務の提供である場合

原則として、その役務の提供が行われた場所が国内であれば、国内取引となります。

ただし、役務の提供が、運輸、通信等その他国内および国内以外の地域にわたって行われるものである場合には、個別に判定基準が設けられてい

ます。

　原則は、役務の提供が行われた場所が国内であれば、国内取引ということです。

③　金融取引の場合

　その貸付け等の行為を行う者の貸付け等の行為にかかる事務所等が国内である場合には、国内取引となります。

（2）　国際輸送にかかる仕入税額控除

　国内および国内以外の地域にわたって行われる旅客または貨物の輸送（国際輸送といいます。）については、消費税が免除されます。

　国際輸送といっても、国内の工場から国外の取引先の倉庫まで輸送するときのように、その輸送の一部に国内輸送が含まれている場合もあります。

　その場合、国内の工場から国外の取引先の倉庫まで一貫輸送契約を締結しており、その国内輸送が国際輸送の一貫としてのものであることがその契約において明らかにされているときは、その国内輸送は国際輸送に該当するものとされます。

　この場合、その契約全体が輸出免税の対象となるため、その国内輸送にかかる部分についても、国際輸送の一貫として輸出免税となり仕入税額控除ができません。

（3）　国際輸送の下請け

　貨物の国際輸送を行う場合において、出発地（国内の工場）から到着地

（国外の取引先の倉庫）まで一貫輸送契約を締結しており、その国内輸送部分が国際輸送の一貫としてのものであることがその契約において明らかにされているときは、その国内輸送も国際輸送に該当するものとされます。

また、一貫輸送契約において、その対価の中に受託者が行う梱包、荷役作業、および書類作成等の付帯料金を含むことを明らかにし、その全体を国際輸送にかかる料金として収受しているときは、その全体が国際輸送としての役務の提供に該当するものとして輸出免税の対象となり、その支払対価は仕入税額控除できません。

ただし、受託者が国内輸送や梱包作業、荷役作業等を国内の他の事業者に再委託した場合にはこれらの役務の提供は国際輸送に該当せず国内における役務の提供になり、その支払対価は仕入税額控除できます。

（4）　海 外 出 張 費

①　航 空 運 賃 等

海外出張の場合の航空運賃、宿泊費等、食事その他の雑費は、その大部分が輸出免税等に該当する取引、あるいは国外取引に該当するため、仕入税額控除できません。

ただし、海外出張旅費等として一括支給する場合に、海外出張の際の国内鉄道運賃や国内での宿泊費を支給する場合がありますが、その場合に上記の海外出張旅費と区分している実費部分については、国内出張旅費等として仕入税額控除ができます。

② 支 度 金

国内出張旅費等は、「その旅行について通常必要であると認められる部分の金額」については、実費精算を行わなくても仕入税額控除ができます。

海外出張旅費に加えて支給される支度金も、「その旅行について通常必要であると認められる部分の金額」については、実費精算が行われなくても課税仕入にかかる支払対価に該当するものとして仕入税額控除ができます。

ま と め

1. 国外において行われた取引について対価を支払った場合、課税の対象とならない。
2. 国外において行われた取引か国内において行われた取引かの判断には、取引の態様ごとに判定基準がある。
3. 国内および国外の一貫輸送契約の場合、国内輸送部分も輸出免税となり仕入税額控除の対象にならない。
4. 海外出張費（国内部分以外）は輸出免税や国外取引になり、仕入税額控除の対象とならない。
5. 海外出張支度金は仕入税額控除できる。

第10章

簡易課税制度とは

1　簡易課税制度とはどのようなことか

　簡易課税制度は、仕入税額控除額を求める方法の１つで、実際の仕入税額を計算せずに、**課税売上の一定割合を課税仕入とみなして控除額を計算する制度**です。

　例えば、卸売業のケースで

　　課税売上　　4,000万円　　（税抜金額）

　　課税仕入　　3,000万円　　（税抜金額）

の場合には、つぎのようになります。

（1）　原　　　則

①　売上にかかる消費税　　　312万円

　　（4,000万円×7.8%）

②　仕入にかかる消費税　　　234万円

　　（3,000万円×7.8%）

③　差引納付額　　　　　　　78万円

　　（①－②）

（2）　簡易課税

①　売上にかかる消費税　　　312万円

②　仕入にかかる消費税　　　280万8,000円

　　（4,000万円×90%×7.8%）

③　差引納付額　　　　　　　31万2,000円

　課税売上4,000万円の90％を、仕入にかかる消費税とみなして計算する方法が、簡易課税制度ということです。

（簡易課税用）

（第1表）

この申告書による消費税の税額の計算				付記事項	割賦基準の適用	有	○	無	31
課税標準額 ①	4 0 0 0 0 0 0 0	03			延払基準等の適用	有	○	無	32
消費税額 ②	3 1 2 0 0 0 0	06			工事進行基準の適用	有	○	無	33
貸倒回収に係る消費税額 ③		07			現金主義会計の適用	有	○	無	34
控除税額 控除対象仕入税額 ④	2 8 0 8 0 0 0	08			課税標準額に対する消費税額の計算の特例の適用	有	○	無	35
返還等対価に係る税額 ⑤		09		参考事項	区分	課税売上高（免税売上高を除く）	売上割合 %	
貸倒れに係る税額 ⑥		10		業区分	第1種	千円 40,000	1 0 0.0	36
控除税額小計 (④+⑤+⑥) ⑦	2 8 0 8 0 0 0	11			第2種		.	37
控除不足還付税額 (⑦-②-③) ⑧		13			第3種		.	38
差引税額 (②+③-⑦) ⑨	3 1 2 0 0 0	15			第4種		.	39
中間納付税額 ⑩	0 0	16			第5種		.	42
納付税額 (⑨-⑩) ⑪	3 1 2 0 0 0	17			第6種		.	43
中間納付還付税額 (⑩-⑨) ⑫	0 0	18			特例計算適用（令57③）	有	○	無	40
この申告書が修正申告である場合 既確定税額 ⑬		19			税額控除に係る経過措置の適用（2割特例）			44
差引納付税額 ⑭	0 0	20		還付を受けようとする金融機関等	銀行 金庫・組合 農協・漁協		本店・支店 出張所 本所・支所	
この課税期間の課税売上高 ⑮	4 0 0 0 0 0 0 0	21			預金 口座番号			
基準期間の課税売上高 ⑯	4 5 0 0 0 0 0				ゆうちょ銀行の貯金記号番号	－		
この申告書による地方消費税の税額の計算					郵便局名等			
地方消費税の課税標準となる消費税額 控除不足還付税額 ⑰		51			（個人の方）公金受取口座の利用			
差引税額 ⑱	3 1 2 0 0 0	52		※税務署整理欄				
譲渡割額 還付額 ⑲		53						
納税額 ⑳	8 8 0 0 0	54		税理士署名				
中間納付譲渡割額 ㉑	0 0	55						
納付譲渡割額 (⑳-㉑) ㉒	8 8 0 0 0	56			（電話番号 － － ）			
中間納付還付譲渡割額 (㉑-⑳) ㉓	0 0	57						
この申告書が修正申告である場合 既確定譲渡割額 ㉔		58			税理士法第30条の書面提出有			
差引納付譲渡割額 ㉕	0 0	59			税理士法第33条の2の書面提出有			
消費税及び地方消費税の合計（納付又は還付）税額 ㉖	4 0 0 0 0 0	60						

（第2表）

課税標準額 ※申告書（第一表）の①欄へ		①	十兆千百十億千百十万千百十一円 40000000 |01

	3 ％ 適 用 分	②		02
課 税 資 産 の	4 ％ 適 用 分	③		03
譲 渡 等 の	6.3 ％ 適 用 分	④		04
対 価 の 額	6.24 ％ 適 用 分	⑤		05
の 合 計 額	7.8 ％ 適 用 分	⑥	40000000	06
	（②～⑥の合計）	⑦		07
特定課税仕入れ	6.3 ％ 適 用 分	⑧		11
に係る支払対価	7.8 ％ 適 用 分	⑨		12
の額の合計額　（注1）	（⑧・⑨の合計）	⑩		13

消費税額 ※申告書（第一表）の②欄へ		⑪	3120000	21
	3 ％ 適 用 分	⑫		22
⑪ の 内 訳	4 ％ 適 用 分	⑬		23
	6.3 ％ 適 用 分	⑭		24
	6.24 ％ 適 用 分	⑮		25
	7.8 ％ 適 用 分	⑯	3120000	26

返還等対価に係る税額 ※申告書（第一表）の⑤欄へ		⑰		31
⑫の内訳	売上げの返還等対価に係る税額	⑱		32
	特定課税仕入れの返還等対価に係る税額　（注1）	⑲		33

地方消費税の	（㉑～㉓の合計）	⑳		41
課税標準となる	4 ％ 適 用 分	㉑		42
消 費 税 額	6.3 ％ 適 用 分	㉒		43
（注2）	6.24%及び7.8% 適 用 分	㉓	3120000	44

（注1）　⑧～⑩及び⑲欄は、一般課税により申告する場合で、課税売上割合が95％未満、かつ、特定課税仕入れがある事業者のみ記載します。
（注2）　⑳～㉓欄が還付税額となる場合はマイナス「−」を付してください。

2　みなし仕入率とは

　みなし仕入率は、事業の種類を6つに区分し、事業の種類によって異なる率が適用されます。

第一種事業(卸売業)	90%
第二種事業(小売業)	80%
第三種事業(製造業等)	70%
第四種事業(その他)	60%
第五種事業(サービス業等)	50%
第六種事業(不動産業)	40%

　第二種事業に、農業、林業、漁業のうち消費税の軽減税率が適用される飲食品の譲渡を行う事業が含まれます。

　第三種事業の製造業等とは、農業、林業、漁業、鉱業、建設業、製造業(製造小売業を含みます。)、電気業、ガス業、熱供給業および水道業をいいます。

　第五種事業のサービス業等とは運輸通信業、金融・保険業、サービス業(飲食店業に該当する事業を除きます。)をいいます。

　したがって、第四種事業は第一種事業、第二種事業、第三種事業、第五種事業および第六種事業のいずれにも該当しない事業をいい、具体的には、飲食店業などです。

　業種について、詳しくは後述5を参照してください。

ま　と　め

1.　簡易課税とは、課税売上の一定割合を課税仕入とみなす計算方法である。

2.　みなし仕入率は 6 つの業種に区分されている。

3.　それぞれのみなし仕入率は、卸売業（第一種事業）は90％、小売業（第二種事業）は80％、製造業等（第三種事業）は70％、その他の業種（第四種事業）は60％、サービス業等（第五種事業）は50％、および不動産業（第六種事業）は40％である。

4.　製造業のうち、農業、林業、漁業で消費税の軽減税率が適用される事業は第二種事業となり、80％が適用される。

3　どんな会社や個人が簡易課税制度を選べるか

簡易課税制度は、基準期間の課税売上高が、

　　　5,000万円以下の事業者が

選択することができます。

　　　実際の仕入税額のほうが有利か

　　　簡易課税制度のほうが有利か

を事業者が判断して適用します。

（1）　いつの課税期間で判断するか

基準期間とは、

　　　会社の場合には、前々期、

　　　個人の場合には、前々年、

をいいます。

　例えば、3月決算の会社では、

　令和6年3月期の事業年度に簡易課税を選択できるかどうかは、令和4年3月期が基準期間となります。

基準期間		課税期間	
令和3年4月1日	令和4年4月1日	令和5年4月1日	令和6年3月31日

個人では、

令和 6 年分（ 6 年 1 月〜12月）の課税期間に簡易課税を選択できるかど
うかは、令和 4 年（ 4 年 1 月〜12月）が基準期間となります。

基準期間	課税期間

令和 4 年 1 月 1 日　　令和 5 年 1 月 1 日　　令和 6 年 1 月 1 日　　令和 6 年12月31日

（2）　基準となる期間の課税売上高は、どのように計算するか

基準期間の課税売上高は、

課税売上高と輸出売上高の合計額から、売上の値引き・返品・割戻しの
金額を、控除した金額をいいます。

これらの金額は消費税抜きの金額で計算します。

（3）　基準となる期間が 1 年未満のとき

基準期間が 1 年でない法人（例えば、半年決算法人や新しく法人を設立
して 3 期目の法人が該当します。）は、つぎのように計算します。

$$\frac{\text{基準期間の}}{\text{課税売上高}} \times \frac{12}{\text{基準期間の事業年度の月数}} = \frac{\text{基準期間の}}{\text{課税売上高}}$$

（4）　簡易課税制度を適用できない場合

つぎのような事業者は簡易課税制度を適用できません。

①　課税事業者選択届出書を提出し課税事業者となった事業者

課税事業者選択届出書を提出し課税事業者となり、

課税事業者となった課税期間の初日から2年を経過する日までの

間に開始した課税期間中に調整対象固定資産を購入し、

かつ、

調整対象固定資産を購入した課税期間の消費税の確定申告を原則

課税の方法で申告した場合

には、調整対象固定資産を購入した課税期間の初日から原則として3年間
は、

簡易課税制度を適用して申告することはできません。

また、免税業者となることもできません。

調整対象固定資産とは、

棚卸資産以外の資産で、建物およびその附属設備、構築物、機械および
装置、船舶、航空機、車両および運搬具、工具、器具および備品、鉱業権
等の無形固定資産その他の資産で、消費税等に相当する金額を除いた金額
が100万円以上のものが該当します。

②　資本金1,000万円以上の法人を設立した新設法人

基準期間がない事業年度に含まれる各課税期間中に調整対象固定

資産を購入し、

かつ、

調整対象固定資産を購入した課税期間の消費税の確定申告を原則

課税の方法で申告した場合

には、調整対象固定資産を購入した課税期間の初日から原則として3年間
は、

簡易課税制度を適用して申告することはできません。

また、免税業者となることもできません。

ま と め

1.　基準期間の課税売上げが5,000万円以下の事業者が簡易課税を選択できる。

2.　法人の基準期間は前々期、個人の基準期間は前々年である。

3.　課税事業者選択届出書を提出し課税事業者となった事業者や資本金1,000万円以上の法人を設立した場合で、一定期間内に調整対象固定資産を購入し原則課税の方法で申告した場合には、一定期間、簡易課税制度を適用して申告することはできない。

　　また、免税業者になることもできない。

4　簡易課税制度を選ぶ手続きはどうするか

（1）　簡易課税制度を選ぶ手続きは

　簡易課税制度を適用するには、適用しようとする課税期間が開始する前日までに、税務署に、「消費税簡易課税制度選択届出書」を提出しなければなりません。

（2）　新たに消費税が課税される事業を始めたときの特例

　基準期間の課税売上が全くないため、消費税を納める義務のない会社でも、課税される事業を始めたため、課税事業者を選ぶことがあります。

　その場合、その課税事業者を選んだ課税期間から簡易課税を選択したいときは、その課税期間中に届出書を提出すれば、その適用が認められます。

　これは、新たに課税される事業を始めたときに限られます。

（3）軽減税率適用開始時期の特例

　小売等軽減売上割合を適用する事業者以外の中小事業者は、簡易課税制度を適用しようとする課税期間中に「消費税簡易課税制度選択届出書」を提出し、簡易課税制度を適用することができます。

（4） 簡易課税の選択をしていても不適用となる期間

　消費税は基準となる期間が毎年変わるため、課税売上の増減によって、簡易課税が適用できたり適用できなくなったりします。

　この場合、簡易課税制度選択届出書を提出した会社は、「消費税簡易課税制度選択不適用届出書」を提出しない限り、その選択届出書の効力は存続します。

　このことを図示しますと、つぎのようになります。

〔課税売上〕

　⑤の課税期間は③が基準期間となるため不適用になります。しかし、⑥の課税期間は、再び適用になりますが、改めて届出は必要ないということです。

（5） 簡易課税制度をやめるときはどうするか

　簡易課税制度は、**2年間継続して適用**しなければなりません。

　適用をやめる場合には、やめようとする課税期間が始まる前日までに届出をします。

（6）　提出期限までに届出書の提出がなかった場合はどうなるか

簡易課税制度を適用するには、課税期間開始前に「消費税簡易課税制度選択届出書」を提出しなければなりません。

ただし、「やむを得ない事情」によって提出ができなかった場合に限って救済措置が設けられています。

「やむを得ない事情」とは、自然災害や交通事故、火災、不慮の傷病など、基本的に事業者の責めに帰さないケースに限られます。

ま　と　め

1.　簡易課税を選択するには、適用する課税期間が開始する前に税務署に届出をする。

2.　簡易課税は２年間継続適用である。

3.　簡易課税の適用をやめるときも、税務署に、やめようとする課税期間が開始する前に届け出る。

5 業種はどのように区分されるか

みなし仕入率は6種類に区分されており、各種事業の区分は、つぎの表のとおりです。

業区分	みなし仕入率	該当する事業
第一種事業	90%	卸売業（他の者から購入した商品をその性質、形状を変更しないで他の事業者に対して販売する事業）をいいます。
第二種事業	80%	小売業（他の者から購入した商品をその性質、形状を変更しないで販売する事業で第一種事業以外のもの）をいいます。
		第三種事業である農業、林業、漁業のうち消費税の軽減税率が適用される飲食品の譲渡を行う事業を第二種事業とします。
第三種事業	70%	農業、林業、漁業、鉱業、建設業、製造業（製造小売業を含みます。）、電気業、ガス業、熱供給業および水道業をいい、第一種事業、第二種事業に該当するものおよび加工賃その他これに類する料金を対価とする役務の提供を除きます。
第四種事業	60%	第一種事業、第二種事業、第三種事業、第五種事業および第六種事業以外の事業をいい、具体的には、飲食店業などです。
		なお、第三種事業から除かれる加工賃その他これに類する料金を対価とする役務の提供を行う事業も第四種事業となります。
第五種事業	50%	運輸通信業、金融・保険業、サービス業（飲食店業に該当する事業を除きます。）をいい、第一種事業から第三種事業までの事業に該当する事業を除きます。
第六種事業	40%	不動産業

6　事業の区分はどのように判定するのか

　事業者が行う事業が、第一種事業から第六種事業の事業までのいずれに該当するかどうかの判定は、原則として、その事業者が行う課税資産の譲渡等ごとに行います。

（1）　卸売業（第一種事業）とは

　卸売業とは、他の者から購入した商品を品質または形状を変更しないで他の事業者に販売する事業をいいます。

　すなわち、仕入れた商品を全く加工しないで、そのまま、消費者に販売する小売業者や購入したものを材料として製品を造る製造業者などに販売する事業が卸売業に該当します。

【卸売業に関する判定の留意点】

　事業者に限らず消費者から購入した商品を品質または形状を変更しないで他の事業者に販売する事業も卸売業に該当することになります。また、業務用に消費される商品の販売（業務用小売）であっても事業者に対する販売であることが帳簿、書類等で明らかであれば卸売業に該当することになります。

（2）　小売業（第二種事業）とは

　小売業とは、他の者から購入した商品をその性質および形状を変更しな

いで販売する事業で卸売業に該当しないものをいいます。

　すなわち、消費者に仕入れた商品を販売する事業者が該当します。

【小売業に関する判定の留意点】

　食料品小売店が他から購入した食料品を、その小売店舗において、仕入商品に軽微な加工をして販売する場合で、加工前の食料品の販売店舗において一般的に行われると認められるもので、当該加工後の商品が当該加工前の商品と同一の店舗において販売されるものについては、加工後の商品の販売についても第二種事業に該当するものとして差し支えありません。

　第三種事業である農業、林業、漁業のうち消費税の軽減税率が適用される飲食品の譲渡を行う事業を第二種事業とします（令和元年10月１日の取引から適用されます。）。

（3）　製造業（第三種事業）とは

　おおむね、日本標準産業分類を基準として分類されています。

　第三種事業である農業、林業、漁業のうち消費税の軽減税率が適用される飲食品の譲渡を行う事業を第二種事業とします（令和元年10月１日の取引から適用されます。）。

【製造業に関する判定の留意点】

　製造した商品を直接消費者に販売する、いわゆる製造小売業は製造業に含まれます。

　例えば、洋服の仕立小売業、菓子やパンの製造小売業が該当します。

　原材料を購入し、あらかじめ指示した条件に従って下請け業者に商品を

製造させる、いわゆる製造問屋は、製造業に含まれます。

　建設会社で、請け負った建設工事の全部を下請けに施工させる元請け業者も建設業に該当します。

（4）　その他の事業（第四種事業）とは

　第一種事業、第二種事業、第三種事業、第五種事業および第六種事業に該当しない事業が、すべて第四種事業に該当します。具体的には飲食店などです。

【その他の事業に関する判定の留意点】
　原材料等の支給を受けて加工や組立てを行う事業も第四種事業に該当します。事業の用に使用していた固定資産の譲渡も第四種事業に該当します。機械装置や備品、車両を売却するケースです。

（5）　運輸通信業、金融・保険業、サービス業（第五種事業）とは

　第五種事業も、第一種事業から第三種事業以外の事業とされる事業を対象として、おおむね日本標準産業分類の大分類に掲げる分類を基礎として判定します。

　運輸業とは旅客運送業、貨物運送業や倉庫業です。

　サービス業とは日本標準産業分類の大分類に掲げるつぎのような事業をいいます。

　　　飲食店・宿泊業（飲食店に該当するものを除きます。）

　　　医療・福祉

教育・学習支援業

複合サービス事業（郵便局、協同組合）

サービス業（他に分類されないもの）

サービス業（他に分類されないもの）には、つぎのような各種のサービスを提供する事業所が含まれます。

① 知識・研究を提供し、またはこれらにかかる技能・技術を提供するサービス［専門サービス業、学術・開発研究機関］

② 主として家庭生活と関連して技能・技術を提供し、または施設を提供するサービス［洗濯・理容・美容・浴場業、その他の生活関連サービス業］

③ 主として娯楽あるいは余暇利用にかかる施設または技能・技術を提供するサービス［娯楽業］

④ 廃棄物の処理にかかる技能・技術等を提供するサービス［廃棄物処理業］

⑤ 物品の整備・修理にかかる技能・技術を提供するサービス［自動車整備業、機械等修理業］

⑥ 物品を賃貸するサービス［物品賃貸業］

⑦ 企業経営に対して提供される他の分類に属さないサービス［広告業、その他の事業サービス業］

⑧ 会員のために情報等を提供するサービス［政治・経済・文化団体、宗教］

⑨ その他のサービス［その他のサービス業、外国公務］

【運輸通信業、金融・保険業、サービス業に関する判定の留意点】

　なお、日本標準産業分類の大分類の区分が運輸通信業、金融・保険業、サービス業に該当するものは、「加工賃その他これに類する料金を対価とする役務の提供を行う事業」であっても、第五種事業に該当します。

　また、サービス業から除くこととされている「飲食店業に該当するもの」とは、例えばつぎのようなものをいいます。

　イ　ホテル内にある宴会場、レストラン、バー等のように、そのホテルの宿泊者以外の者でも利用でき、その場で料金の精算をすることもできるようになっている施設での飲食物の提供

　ロ　宿泊者に対する飲食物の提供で、宿泊サービスとセットの夕食等の提供時に宿泊者の注文に応じて行う特別料理、飲料等の提供や客室内に冷蔵庫を設置して行う飲料等の提供のように、料金体系上も宿泊にかかる料金と区分されており、料金の精算時に宿泊料と区分して領収されるもの

　なお、例えば、「一泊二食付で2万円」というように、食事代込みで宿泊料金が定められている場合は、その料金の全額が第五種事業の対価となります。

（6）　不動産業（第六種事業）とは

　日本標準産業分類の大分類の区分が不動産業に該当するものをいい、不動産代理・仲介業や不動産賃貸業および不動産管理業が第六種事業に該当します。

┌─────────────────────────────────────┐

ま と め

1. 第一種事業（卸売業）は、仕入商品を、形状等を変更しないで、他の事業者に販売する事業をいう。

2. 第二種事業（小売業）は、仕入商品を、形状等を変更しないで、消費者に販売する事業をいう。

　令和元年10月1日を含む課税期間（同日前の取引は除きます。）から、第三種事業である農業、林業、漁業のうち消費税の軽減税率が適用される飲食品の譲渡を行う事業を第二種事業とし、そのみなし仕入率は80％が適用されます。

3. 第三種事業（製造業等）とは、農業、林業、漁業、鉱業、建設業、製造業、電気・ガス業、熱供給業および水道業をいう。

4. 第四種事業とは、第一種から第三種、第五種および第六種に該当しないすべての事業をいう。

5. 第五種事業とは、運輸通信業、金融・保険業およびサービス業をいう。

6. 第六種事業とは不動産業をいう。

7. 製造小売業や製造問屋は製造業に含まれる。

8. 加工業は、第四種事業に含まれる。

9. 事業の用に使用していた固定資産等の譲渡は第四種事業に該当する。

└─────────────────────────────────────┘

7　兼業しているときは、どのように計算するか

数種類の事業を兼業している場合の取扱いは、つぎのとおりです。

（1）　原則としてどう計算するか

売上の種類ごとに第一種から第六種の事業に区分し、それぞれのみなし仕入率を適用します。

（2）　特別な計算方法はあるのか

①　1種類の事業が全体の売上の75％以上を占めるケース

1種類の事業の売上が全体の売上の**75％以上**を占める場合には、
　　　　その75％以上を占める事業のみなし仕入率を、
他の事業にも適用することができます。

　原則をとるか、特例を適用するかは、会社の選択にまかされています。

　例えば、製造業と小売業を兼業する会社で、製造業の売上が80％を占める場合、原則を適用した方が有利です。

　といいますのは、特例を適用すると小売業にも、70％の仕入率を適用することになるからです。

　原則法であれば、小売業の部分には80％の仕入率を適用することになり、明らかに有利になることがおわかりいただけると思います。

　兼業している場合には、売上を第一種事業から第六種事業にそれぞれ

区分する必要があります。

　区分していない場合には、行っている事業のうち、一番低いみなし仕入率を適用することになります。

　つまり、サービス業、小売業、製造業を兼業している場合、売上が区分されていないと、一番低いサービス業のみなし仕入率50％が他の事業にも適用されるということです。

　兼業している場合のポイントは、

　　　　　売上を種類別に区分すること

　　　　　原則と特例のどちらが有利か判断すること

にあります。

　では、2種類を兼業しているＡ社の例で計算してみましょう。

【ケース1】

　卸売業としての課税売上高　3,500万円　消費税額2,730千円

　サービス業としての課税売上高　1,000万円　消費税額780千円

75％以上の判定

$$\frac{3,500万円}{3,500万円+1,000万円} \times 100 = 77.77\cdots\% > 75\%$$

75％以上かどうかの判定をする場合には、非課税売上および免税売上は除きます。

　75％以上かどうかの判定をする場合の算定にあたっては、四捨五入等の端数処理は行うことはできません。

a　原則法（それぞれのみなし仕入率を適用）

みなし仕入率

$$\frac{2,730千円 \times 90\% + 780千円 \times 50\%}{2,730千円 + 780千円} = \frac{2,847千円}{3,510千円} = 0.81111\cdots$$

仕入税額控除額

$$3,510千円 \times \frac{2,847千円}{3,510千円} = 2,847,000円$$

b　特例法（課税売上高の75％以上を占める卸売業のみなし仕入率を適用）

みなし仕入率

卸売業の90％を適用

仕入税額控除額

$$3,510千円 \times 90\% = 3,159,000円$$

c　売上高が業種ごとに区分されていない場合（低い方のみなし仕入率を全体に適用）

$$3,510千円 \times 50\% = 1,755,000円$$

【ケース2】

サービス業としての課税売上高　3,500万円　消費税額2,730千円

卸売業としての課税売上高　1,000万円　消費税額780千円

75％以上の判定

$$\frac{3,500万円}{3,500万円 + 1,000万円} \times 100 = 77.77\cdots\% > 75\%$$

a　原則法（それぞれのみなし仕入率を適用）

みなし仕入率

$$\frac{2,730千円 \times 50\% + 780千円 \times 90\%}{2,730千円 + 780千円} = \frac{2,067千円}{3,510千円} = 0.5888\cdots$$

仕入税額控除額

$$3,510千円 \times \frac{2,067千円}{3,510千円} = 2,067,000円$$

b　**特例法**（課税売上高の75％以上を占める卸売業のみなし仕入率を適用）

みなし仕入率

サービス業の50％を適用

仕入税額控除額

$$3,510千円 \times 50\% = 1,755,000円$$

c　**売上高が業種ごとに区分されていない場合**（低い方のみなし仕入率を全体に適用）

$$3,510千円 \times 50\% = 1,755,000円$$

　兼業している場合の特例適用の有利、不利の判定を表にまとめるとつぎのようになります。

主な業種	兼業している業種	有利・不利の判定
第一種事業≧75％	第二種事業 第三種事業 第四種事業 第五種事業 第六種事業	特例法を適用する方が有利
第二種事業≧75％	第一種事業	原則法が有利
	第三種事業 第四種事業 第五種事業 第六種事業	特例法が有利

第三種事業≧75%	第一種事業 第二種事業	原則法が有利
	第四種事業 第五種事業 第六種事業	特例法が有利
第四種事業≧75%	第一種事業 第二種事業 第三種事業	原則法が有利
	第五種事業 第六種事業	特例法が有利
第五種事業≧75%	第一種事業 第二種事業 第三種事業 第四種事業	原則法が有利
	第六種事業	特例法が有利
第六種事業≧75%	第一種事業 第二種事業 第三種事業 第四種事業 第五種事業	原則法が有利

② **3種類以上を兼業しており、そのうち2種類の売上を合計したとき全体の売上の75％以上を占めるケース**

　3種類以上を兼業し、いずれか2種類の課税売上高が75％以上を占める場合には、2種類を兼業している場合と同じ特例、すなわち、75％以上の業種のみなし仕入率を他の業種にも適用できるという特例を選択できます。このケースでは、75％以上を占める2種類のうち、高いみなし仕入率の事業にはその事業のみなし仕入率を適用し、その他のすべての

事業には、２種類のうち低い事業のみなし仕入率を適用することができます。つぎに、３種類を兼業しているＢ社の例で計算してみましょう。

業　　種	課税売上高	消費税額
卸　売　業	3,000万円	2,340千円
小　売　業	1,000万円	780千円
サービス業	500万円	390千円
計	4,500万円	3,510千円

a　原則法（それぞれのみなし仕入率を適用）

$$3{,}510千円 \times \frac{2{,}340千円 \times 90\% + 780千円 \times 80\% + 390千円 \times 50\%}{2{,}340千円 + 780千円 + 390千円}$$
$$= 2{,}925{,}000円$$

b　特例法（卸売と小売の２種類で75％以上になるため、みなし仕入率の高い卸売業のについては卸売業本来の90％を適用、他の２種については、先の２種類（卸・小売）のうち卸売業と比較して低い小売業の80％を適用）

$$3{,}510千円 \times \frac{2{,}340千円 \times 90\% + (780千円 + 390千円) \times 80\%}{2{,}340千円 + 780千円 + 390千円}$$
$$= 3{,}276{,}000円$$

種類が区分されていない場合には、一番低いサービス業の50％がすべての事業に適用されてしまいます。

```
まとめ
```

1.　兼業しているときは原則として各種事業ごとに課税売上を区分し
　て計算する。

2.　１種類の課税売上が75％以上の場合、すべてに、その種類のみな
　し仕入率を適用することができる。

3.　３種類以上を兼業しているとき、２種類合計で75％以上を占める
　ときも特例計算の適用がある。

第11章

消費税を計算する期間は

1　会社の計算期間は

課税期間には、原則と特例との２通りがあります。

原則は、各法人の事業年度です。

　例えば、３月決算の会社の場合は、４月１日から翌年の３月31日までが課税期間となります。

（1）　課税期間の特例

①　３ヶ月の特例

事業者は、選択によって、課税期間を３ヶ月とすることができます。

　法人が課税期間の特例を選択すると、事業年度開始の日から３ヶ月ごとに課税期間が区切られることになります。

　例えば、３月決算の会社では、

　　　　４月１日～６月30日
　　　　７月１日～９月30日
　　　　10月１日～12月31日
　　　　１月１日～３月31日

と、一事業年度に４回の課税期間ができるわけです。

　課税期間を短縮するには、

　納税地の所轄税務署長に届出書を提出します。

　課税期間の短縮届出書の効力が発生するのは、それを提出した日の属する課税期間（３ヶ月ごとに区分した課税期間）の翌課税期間の初日からです。

　すなわち、3月決算の会社が5月に届出書を提出すると、つぎの図のようになります。

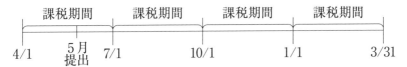

②　1ヶ月の特例

　選択によって、課税期間を1ヶ月とすることもできます。

　この特例を受ける場合にも、適用する課税期間の開始前に、納税地の所轄税務署長に届出書を提出します。

　その事業年度をその開始の日以後1月ごとに区分した各期間が課税期間になります。

　一事業年度に12回の課税期間ができるわけです。

2　個人の計算期間は

個人の課税期間も、原則と特例があります。

原則は、暦年で、1月1日から12月31日までです。

（1）　課税期間の特例

①　3ヶ月の特例

特例は、法人と同じように、

選択によって、課税期間を3ヶ月とするものです。

個人の場合は、つぎのようになります。

> 　　1月1日〜3月31日
> 　　4月1日〜6月30日
> 　　7月1日〜9月30日
> 　　10月1日〜12月31日

個人事業者の場合も、納税地の所轄税務署長に届出書を提出します。

　届出書の効力発生日は、提出した日の属する課税期間の翌課税期間の初日からです。

　すなわち、つぎの図のようになります。

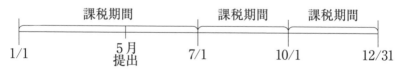

② 　1ヶ月の特例

選択によって、課税期間を1ヶ月とすることもできます。

1月1日以後1月ごとに区分した各期間が課税期間となります。

ま と め

1. 法人の課税期間は、原則、事業年度と同じである。

2. 個人の課税期間は、原則、1月から12月の1年間である。

3. 課税期間は3ヶ月または1ヶ月に短縮できる。

第12章

申告と納付はどこに するのか

1 会社はどこに申告するのか

会社の納税地は、本店の所在地です。

支店や工場があっても、すべて、本店の所在地で、一括して申告納税することになります。

国内に本店または主たる事務所を有する法人	本店または主たる事務所の所在地
外国に本店を有する法人で国内に事務所を有する法人	事務所の所在地

ただし、国税局長は、法人の納税地が不適当であると認めた場合には、納税地の指定をすることができます。

2 個人はどこに申告するのか

個人事業者の納税地は、つぎのとおりです。

国内に住所を有する場合	その住所地
国内に住所を有せず居所を有する場合	その居住地
国内に住所および居所を有せず、事務所等を有している場合	その事務所等（主たる事務所等）の所在地
国内に住所および居所を有しない非居住者	事業にかかる資産の所在地

〔納税地の特例〕

国内に住所のほか居所を有する場合	その住所地にかえ居所地を納税地とすることができる
国内に住所または居所を有し、かつ、事務所等を有する場合	その事務所等の所在地
相続が開始した場合の被相続人の納税地	被相続人の納税地

ま と め

1. 会社の納税地は、本店所在地である。
2. 個人の納税地は、原則、個人の住所である。

第13章

申告と納付はどうすれ ばよいのか

1　申告と納付はいつまでにするか

消費税の申告、納付は、確定申告と中間申告の２種類があります。

（1）　確定申告はいつまでにするか

課税期間終了の翌日から２ヶ月以内に行う申告納付のことです。

　１年間の課税期間を採用している会社や個人事業者が大多数ですが、これらの会社等は、年１回確定申告を行うことになります。

　これに対して、３ヶ月の課税期間を採用している会社は、年４回確定申告を行い、１ヶ月の課税期間を採用している会社は、年12回確定申告を行うことになります。

　個人事業者は、特例により、課税期間の翌年３月31日が確定申告の提出期限となっています。

（2）　中間申告はいつまでに申告、納付するか

中間申告は、前年の納付消費税額の大小によって回数が異なります。

　　　　大きい会社は　　　　年11回です。
　　　　中くらいの会社は　　年３回です。
　　　　小さい会社は　　　　年１回です。
大きい会社とは、
直前の課税期間の確定消費税額が4,800万円超の会社です。
中くらいの会社とは、
直前の課税期間の確定消費税額が400万円超、4,800万円以下の会社です。
小さい会社とは、

　直前の課税期間の確定消費税額が48万円超、400万円以下の会社です。

　直前の課税期間の確定消費税額が48万円以下の会社は中間申告の必要は
ありません。

（任意の中間申告制度）

　直前の課税期間の確定消費税額が48万円以下の事業者は中間申告の義務
がありませんが、任意に中間申告書（年1回）を提出する旨を記載した届
出書を納税地の所轄税務署長に提出した場合には、自主的に中間申告・納
付することができます。

直前の課税期間の確定消費税額	48万円以下	48万円超400万円以下	400万円超4,800万円以下	4,800万円超
中間申告の回数	中間申告不要ただし、任意の中間申告はできます。（年1回）	年1回	年3回	年11回

①　小さい会社の中間申告

　課税期間開始の日以降6ヶ月を経過した日から2ヶ月以内に行う申告、
納付のことです。

　したがって、3ヶ月、または、1ヶ月の課税期間を採用した会社や個人
事業者は中間申告の必要はありません。

　中間申告には、2通りの申告方法があります。

　予定申告方式と仮決算方式です。

　原則は予定申告で、仮決算による申告も選択できることになっています。

⑦　予定申告方式

　直前の課税期間の確定申告書に記載された納付税額の2分の1の消費

税額を申告納付する方法です。

　ただし、予定納付税額が24万円以下の場合は、予定申告や納付は必要なく、年１回の確定申告および納付でよいことになります。

㋺　仮決算方式

　６ヶ月間で仮決算を行い、その実際の税額を申告、納付する方法です。

②　中くらいの会社の中間申告

３ヶ月ごとに中間申告をします。

㋑　第１期の中間申告

　その課税期間開始後３ヶ月を経過した日から２ヶ月以内に、前年の確定消費税額の３ヶ月相当額を申告、納付します。

㋺　第２期の中間申告

　その課税期間開始後６ヶ月を経過した日から２ヶ月以内に、前年の確定消費税額の３ヶ月相当額を申告、納付します。

㋩　第３期の中間申告

　その課税期間開始後９ヶ月を経過した日から２ヶ月以内に、前年の確定消費税額の３ヶ月相当額を申告、納付します。

　例えば、前年の確定消費税額が1,000万円の会社（３月決算）の中間申告は、

　　第１期　８月末までに、250万円を申告、納付

　　第２期　11月末までに、250万円を申告、納付

　　第３期　２月末までに、250万円を申告、納付

します。

③　大きい会社の中間申告

中間申告期限は中間申告対象期間の翌日から２ヶ月以内です。

ただし、１回目の中間申告期限は、課税期間開始の日の２ヶ月を経過した日から２ヶ月以内です。

３月決算の例で説明しますと、つぎのようになります。

直前の課税期間の確定消費税額が6,000万円の会社の場合は、

１回目は、７月末（４月１日から２ヶ月を経過した日から２ヶ月以内）までに500万円を申告納付、

２回目は、７月末（６月１日から２ヶ月以内）までに500万円を申告納付、

３回目は８月末までに、４回目は９月末までに………11回目（２月が中間申告対象期間）は４月末までに500万円をそれぞれ申告納付します。

④　地方消費税の中間申告

㋑　地方消費税の中間申告

ⓐ　大きい会社

　　直前の課税期間の年間消費税額の12分の１の消費税額の１ヶ月ごとの中間申告と同時に、その25％の地方消費税額の中間申告をします。

ⓑ　中くらいの会社

　　直前の課税期間の年間消費税額の４分の１の消費税額の３ヶ月ごとの中間申告と同時に、その25％の地方消費税額の中間申告をします。

ⓒ　小さい会社

　　直前の課税期間の年間消費税額の２分の１の消費税額の中間申告と同時にその25％の地方消費税額の中間申告をします。

消費税及び地方消費税の中間申告書

納税地	
（電話番号　　−　　−　　）	
（フリガナ）	
名　称又は屋号	
個人番号又は法人番号	↓個人番号の記載に当たっては、左端を空欄とし、ここから記載してください。
（フリガナ）	
代表者氏名又は氏名	㊞
税理士署名	㊞
（電話番号　　−　　−　　）	

令和 6 年 8 月31日

税務署長殿

6 年 4 月 1 日
7 年 3 月31日　課税期間分の中間申告書

税務署処理欄	通信日付印	確認	番号確認
	年　月　日		
確認書類	個人番号カード／通知カード運転免許証その他（　　　）	身元確認	□済 □未済

この申告書が修正申告である場合の	消費税	この申告前の税額	百万 千 円
			0 0
		この申告により増加する税額	0 0
	地方消費税	この申告前の税額	0 0
		この申告により増加する税額	0 0
	消費税及び地方消費税の合計納付税額		0 0

整理番号		
消費税	前課税期間 自 5 年 4 月 1 日 至 6 年 3 月31日	
	修正・更正・決定の年月日	平成 年 月 日
	前課税期間分の消費税額	百万 千 円 10 000 000
	中間申告対象期間 自 2 年 4 月 1 日 至 2 年 6 月30日	
	月数換算	前課税期間の消費税額 × 3/12
	納付すべき消費税額	2 500 000
地方消費税	納付すべき地方消費税額	625 000
	消費税及び地方消費税の合計納付税額	3 125 000

ま　と　め

1. 消費税の申告には、確定申告と中間申告がある。

2. 会社の確定申告は、事業年度終了後 2 ヶ月以内である。

3. 個人の確定申告は、翌年の 3 月31日までである。

4. 中間申告は、小さい会社は年 1 回である。

5. 中くらいの会社（直前の課税期間の確定納付消費税額が400万円超4,800万円以下の事業者）は年 3 回の中間申告が必要である。

6. 大きい会社（直前の確定納付消費税額が4,800万円超の事業者）は年11回の中間申告が必要である。

7. 直前の課税期間の確定消費税額が48万円以下であれば中間申告の必要はない。ただし、任意に中間申告を提出する届けを提出すれば任意の中間申告（年 1 回）ができる。

8. 中間申告には、予定申告と仮決算による申告の 2 通りがある。

第14章

消費税等の会計処理とは

1　会計処理の種類にはどのようなものがあるか

　請求金額には、消費税（7.8%）と地方消費税（消費税の25％相当額、すなわち2.2%）が含まれます（軽減税率は消費税（6.24%）、地方消費税（1.76%）です。旧税率は消費税（6.3%）、地方消費税（1.7%）です。）。

　したがって、ここでは消費税と地方消費税（以下「消費税等」といいます。）の会計処理について述べます。

　消費税等の会計処理には２つの方法があります。

　１つは、消費税等込みで処理する方法です。

　これを**税込経理方式**といいます。

　売上は、請求する金額（もちろん消費税等が含まれています。）を売上高として処理します。

　仕入は、請求された金額（もちろん消費税等が含まれています。）を仕入高として処理します。

　経費の支払いや固定資産の購入も同じように、請求された金額を経費または固定資産の取得価額として処理します。

　この場合、消費税等を納付するときに、消費税等という費用が発生します。

　もう１つは、消費税等抜きで処理する方法です。

　これを**税抜経理方式**といいます。

　この方法は、消費税等を通過勘定とみるものです。

　すなわち、売上の場合、消費税等は相手からの預り金と考えて、仮受消費税等として処理します。

　仕入や経費の支払いおよび固定資産の購入代金に含まれる消費税等は、

仮払消費税等として処理します。

　この場合、消費税等については、全く収入や費用として発生してきません。

　損益には無関係です。

2　税抜経理方式とは

　では、つぎのような取引を、実際に税抜方式で処理してみましょう（標準税率10％を前提としています。）。

		税抜価額	消費税等	請求金額
(1)	売　　上	10,000円	1,000円	11,000円
(2)	仕　　入	5,000〃	500〃	5,500〃
(3)	事務用品の支払	300〃	30〃	330〃
(4)	備品の購入	1,000〃	100〃	1,100〃

　すべて、税抜価額と消費税等に分けて処理します。

(1)　売上計上のとき

```
売　掛　金  11,000 ／ 売　　　　上  10,000
             ／ 仮受消費税等   1,000
```

(2)　仕入計上のとき

```
仕　　　入   5,000 ／ 買　掛　金   5,500
仮払消費税等   500 ／
```

(3)　事務用品費の支払いのとき

```
事 務 用 品 費   300 ／ 現　　　金    330
仮払消費税等    30 ／
```

(4)　備品の購入のとき

```
什 器 備 品   1,000 ／ 未　払　金   1,100
仮払消費税等    100 ／
```

3　税込経理方式とは

税抜経理方式と同じ例で、実際に税込方式で仕訳してみると、つぎのようになります（標準税率10%を前提としています。）。

(1)　売上計上のとき

売　掛　金　11,000／売　　　　上　11,000

(2)　仕入計上のとき

仕　　　　入　5,500／買　掛　金　5,500

(3)　経費支払いのとき

事 務 用 品 費　　330／現　　　　金　　330

(4)　固定資産を購入したとき

什 器 備 品　1,100／未　払　金　1,100

すべて、**消費税等を含んだ金額で、収入や費用、資産が計上される方式**です。

4　会計処理はどのように選択するか

（1）　原則的にはどうか

原則は、すべての取引について、

税抜経理方式

　　　　か

税込経理方式

の、いずれかを選択します。

　つまり、収入は税込経理方式を適用し、費用は税抜経理方式を適用するということは原則として、できないということです。

　会社が選択した方式は、すべての取引について、適用しなければなりません。

（2）　会計処理方法選択の特例

　原則は、上で述べたように、すべての取引について、いずれかの方式を適用します。

　ただし、会社が、**売上等の収益にかかる取引**について、

税抜経理方式

を適用している場合には、**2つの例外**があります。

　その1つは、

経費等の支出にかかる取引

　　　　か

固定資産等の取得にかかる取引

のいずれかの取引について

税込経理方式

を選択できるということです。

　固定資産等というのは、**固定資産、繰延資産、棚卸資産**の３つの資産をいいます。

　もう１つの例外は、この３つの資産の処理は、同じ会計処理を適用しなければならないのですが、継続適用を条件として、

棚卸資産の取得にかかる取引

については、**他の２つの資産と異なる方式を選択**できるということです。

　例えば、

　　　　収益については、税抜経理方式

　　　　経費については、税抜経理方式

　　　　固定資産等については、税込経理方式

という選択ができるわけですが、

さらに、固定資産等のうち、

　　　　固定資産、繰延資産については、税込経理方式を適用し、

　　　　棚卸資産については、税抜経理方式を適用することもできる

ということです。

　適正な会計処理としては、税抜経理方式が妥当と思われます。

　以上のような選択方法を表にまとめてみると、つぎのようになります。

取　引	パターン1	パターン2	パターン3	パターン4
売上等の収益	税抜経理	税抜経理	税抜経理	税抜経理
資産 　棚卸資産 　固定資産・繰延資産	税抜経理	税抜経理	税込経理	税抜経理 税込経理
販売費・管理費等	税抜経理	税込経理	税抜経理	税抜経理

取　引	パターン5	パターン6	パターン7	パターン8
売上等の収益	税抜経理	税込経理	税抜経理	税抜経理
資産 　棚卸資産 　固定資産・繰延資産	税込経理 税抜経理	税込経理	税抜経理 税込経理	税込経理 税抜経理
販売費・管理費等	税込経理	税込経理	税込経理	税抜経理

5　免税事業者の経理方法は

　消費税等を納めることを免除されている小さな会社は、全く消費税等を会計処理のうえで認識する必要がありません。

　したがって、すべての取引について、**税込経理方式**だけを適用します。

　免税事業者は、消費税等の納税義務が免除されているため、消費税等を上乗せして請求しても、それは収入として計上されます。

　課税事業者のように、通過勘定として、仮受消費税等に経理することはできません。

　一方、仕入等にかかる消費税等も、控除することはできませんから、消費者と同じ立場で負担することになります。

　したがって、税込経理方式によることになります。

　法人税の課税所得金額の計算上、税込経理方式しかとれないということは、

　例えば、減価償却資産の取得に伴って支払う消費税等は、取得価額に含まれ、償却計算を通じて費用化されていくことになります。

　この取扱いは、消費税等が課税されない資産の譲渡等だけを行う法人、つまり課税売上０の法人にも適用されます。

　なお、免税事業者が課税事業者を選択したときは、

　原則どおり、税抜経理方式か税込経理方式を任意に選択することになります。

6　期末一括税抜経理方式とは

　税抜経理方式を選択した場合には、原則として、取引のつど処理しなければなりません。

　しかし、期中の取引は税込みの金額で処理しておき、期末に一括して税抜処理することも、結果的には、取引のつど処理する方法と同じになります。

　したがって、特に、課税上、弊害もありませんから、期末一括税抜経理方式も、税抜経理方式として認められます。

　また、期末と同様に、月次決算や中間決算の段階での一括税抜処理も認められます。

　例えば、

売	上	1,000	(税抜金額)
仕	入	600	(〃)
経費の支払い		100	(〃)
固定資産の取得		200	(〃)

という、期中の取引があったとします。

　期中の処理は、

現	金	1,100／売	上	1,100	
仕	入	660／現	金	660	
経	費	110／現	金	110	
固 定 資 産		220／現	金	220	

という、税込経理方式で処理している取引を、つぎのように、期末で一括
して税抜経理方式で処理します。

売	上	100	仮受消費税等	100	
仮払消費税等	90	仕	入	60	
		経	費	10	
		固 定 資 産	20		

これが、**期末一括税抜経理方式**です。

7　決算で消費税等をどのように処理するか

（1）　税抜経理方式を選択している会社

仮受消費税等から仮払消費税等をマイナスした金額を

　　　未払消費税等

として計上します。

　未払消費税等が税務署に納める金額です。

　例えば、

仮受消費税等	1,000
仮払消費税等	800

が、期末の残高としますと、

仮受消費税等　1,000／**仮払消費税等　800**
／　　**未払消費税等　200**

となります。

　また、逆に、

仮受消費税等	700
仮払消費税等	800

となって、還付となるときには、

仮受消費税等　700／仮払消費税等　800
未収消費税等　100／

となります。

　もし、**簡易課税を選択している会社**で、仮受消費税等から仮払消費税等
をマイナスした金額と納付すべき消費税等とに差額がでた場合には、

```
仮受消費税等　1,000／仮払消費税等　　800
　　　　　　　　／未払消費税等　　100
　　　　　　　　／雑　収　入　　100
```

となり、差額を雑収入に計上します。

　仮受消費税等と仮払消費税等を相殺した後の金額と、未払税額または還付税額が一致しないケースとしては、

　①　中小企業者が、いわゆる簡易課税を選択しているケース

　②　売上等の収入については税抜経理方式を適用しているが、事務処理の手数などを考慮して、仕入にかかる消費税等のうち資産にかかるものと経費にかかるものとのいずれか一方につき税込経理方式を適用しているケース

　③　取引のつど、消費税等を区分して領収する場合に1円単位未満の端数を処理しているケース

があります。

（2）　税込経理方式を選択している会社

　納付すべき消費税額を決算期末に未払計上することができます。

　例えば、納付すべき消費税額が100としますと、

```
　　　租 税 公 課　100／未払消費税等　100
```

となります。

　未払計上しないで、納付したときに、

```
　　　租 税 公 課　100／現　　　　金　100
```

という処理をすることもできます。

　逆に、還付される場合には、

　還付されるべき消費税額等を決算期末に未収計上することができます。

　例えば、還付される消費税額等が10としますと、

　　　　　未収消費税等　　10／雑　　収　　入　　　10

となります。

　また、未収計上しないで、還付になったときに、

　　　　　現　　　　金　　10／雑　　収　　入　　　10

という処理をすることもできます。

ま　と　め

1.　消費税等の会計処理は、税込経理方式と税抜経理方式の2つの方
　法がある。
2.　税抜経理方式は、消費税等を、仮払消費税等および仮受消費税等
　として経理する。
3.　税込経理方式は、消費税等を区分しないで、売上や仕入等に含め
　て経理する。
4.　事業者は、任意に会計処理の方法を選択できる。
5.　免税事業者は、税込経理方式しか採用できない。
6.　期中は税込経理していて、期末に一括して税抜経理にする方式も
　税抜経理方式である。

8　消費税等の法人税法上の取扱いは

（1）　消費税等はどのように経理処理すればよいのか

消費税等の経理処理は、数種類あることは前に述べたとおりです。

法人税の所得金額（税務署に申告する利益）を計算するにあたっては、会社は経理処理方法を自由に選択してよいことになっています。

その会社が選択した経理処理方法に従って所得金額を計算することになります。

（2）　税込経理方式を選択している場合の消費税等納付額

税込経理方式を選択している会社は、消費税等納付額を、租税公課として処理しますが、これは、**損金になる費用**として扱います。

また、**消費税等還付額**は、**課税対象となる雑収入**として扱います。

（3）　消費税等はいつ費用になるか

税込経理方式を選択している会社は、納付する消費税等を費用として計上します。

それが費用として認められる時期は、

消費税等の申告書を提出した事業年度か、

申告書に記載した納付すべき消費税額等を費用として未払金に計上した事業年度のいずれかです。

費用収益の対応から考えると、未払金に計上する方法が好ましいと考えられます。

（4） 還付される消費税等はいつ収入になるか

税込経理方式を選択している会社では、還付される消費税等を雑収入に計上します。

この雑収入に計上する時期についても、2つの処理が認められます。

① 消費税等の申告書を提出した事業年度に雑収入に計上する方法

　　実際に還付になったときに、例えば、

　　　　現　　　　金 100／雑　収　入 100

　と処理します。

② 還付税金を未収入金に計上し、当期の雑収入に計上する方法

　　決算で、例えば、

　　　　未 収 入 金 100／雑　収　入 100

　と処理します。

（5） 棚卸資産や固定資産の取得価額

会社が選択した経理処理方法によって取得価額は計算されます。

税抜経理方式を選択した場合には、**税抜金額が取得価額**となり、

税込経理方式を選択した場合には、**税込金額が取得価額**となります。

ということは、2つの会社で同じ金額のものを購入しても経理方式が異なる場合には、取得価額が異なるということです。

例えば、1,000万円の機械を購入し、100万円の消費税等（10％）が課税

された場合、

　税込経理方式を選択している会社は、1,100万円が取得価額となり、1,100万円について減価償却計算を行います。

　税抜経理方式を選択している会社は、1,000万円が取得価額となり、1,000万円について減価償却計算を行います。

（6）　費用に落とせる資産は消費税等を入れて判定するのか

　減価償却資産について、取得価額が10万円未満のものは、使用したときに、一度に費用に落としてもよいことになっています。

　この場合、必ず消費税等を含めて、10万円未満であるかを判定するのでしょうか。

　いいえ、それは**会社が適用している経理方式によって計算した金額で判定する**ことになっています。

　すなわち、**税抜経理方式を選択している会社は、**

　　　　税抜価格

で判定する、ということです。

　　税込経理方式を選択している会社は、

　　　　税込価格

で判定する、ということです。

　例えば、

　　パソコンの購入価額　105,600円 $\left\{\begin{array}{lr}\text{本体価額} & 96,000円 \\ \text{消費税額等（10\%）} & 9,600円\end{array}\right\}$

とすれば、税抜経理方式を選択している会社は96,000円を一度に費用に落とすことができますが、税込経理方式を選択している会社は105,600円を

必ず資産に計上しなければならないことになります。

　この取扱いは、繰延資産についても、同じように20万円未満の判定をすることになっています。

（7）　特別償却等において定められている金額の判定はどうするか

　特別償却等を適用する場合の金額基準を判定する場合の取得価額の判定は、つぎのように取り扱われます。

　税抜経理方式を選択している会社は、**消費税等を含まない金額**で判定します。

　税込経理方式を選択している会社は、**消費税等を含む金額**で判定します。

　例えば、中小企業が、155万円（税抜金額）の新品の機械装置を取得したとしましょう。

　中小企業者等の機械等の特別償却においては、一組または一基の取得価額が160万円以上の機械装置が適用対象とされています。

　この取得価額が160万円以上であるかどうかは、

　会社が選択している経理方式によって判定がちがってきます。

　税抜経理方式では、155万円が取得価額であり、特別償却の適用がありません。

　一方、税込経理方式の場合には、

　1,705,000円（本体価額155万円、消費税等（10％）155,000円）が取得価額となりますから、160万円以上となり、特別償却の適用があります。

（8） 交際費の損金不算入は消費税等を入れて計算するのか

交際費の損金不算入の金額を計算する場合、交際費にかかる消費税等は、交際費に含めるのでしょうか。

それは、会社が選択している経理方式によって計算した金額によることになっています。

すなわち、**税抜経理方式を選択している会社**は、

　　　税抜価格

で、**税込経理方式を選択している会社**は、

　　　税込価格

で、それぞれ、交際費の損金不算入の計算をする、ということです。

ただし、税抜経理方式を選択している会社で、交際費にかかる消費税額等のうち、仕入税額控除のできなかった消費税等があるときは、その消費税等は交際費に含めて損金不算入の計算をすることになっています。

（9） 消費税等の申告上控除できない消費税等は、どう取り扱うか

課税売上割合が95％未満である場合やその課税期間の課税売上高が5億円を超える場合には課税売上割合が95％以上である場合も、消費税等の計算をするとき、仕入にかかる消費税等のうち、控除できない消費税等が生じます。

これを、

　　　控除対象外消費税等

といいます。

会社が税抜経理方式を選択しているときのこの控除対象外消費税等の取

扱いは、つぎのとおりです。

① 課税売上割合が80％未満の場合

　イ　経費または棚卸資産にかかるもの

　　　損金経理（決算で費用として処理することです。）

　　を要件として損金（費用）として認めます。

　ロ　棚卸資産以外の資産（固定資産等）

　　ⓐ　一の資産にかかるものが20万円未満のもの

　　　　損金経理を要件として損金として認めます。

　　ⓑ　一の資産にかかるものが20万円以上のもの

　　　　その合計額を繰延資産として繰延償却します。

　　　　または個々の資産の取得価額に含めます。

　　　　これは会社がいずれかを選択できます。

② 課税売上割合が80％以上95％未満の場合

　　損金経理を要件として費用として認めます。

　※　その課税期間の課税売上高が5億円を超える会社については、課税

　　売上割合80％以上の場合、損金経理を要件として費用として認めます。

例えば、控除できない仮払消費税等が、つぎのとおりあったとします。

経費および棚卸資産にかかるもの	80万円
固定資産等にかかるもの	
器具備品（一式）	15万円
機械装置（一式）	60万円

▷課税売上割合が80%以上のケース◁

すべてを租税公課に計上します。

　　租　税　公　課　1,550,000／仮払消費税等　1,550,000

▷課税売上割合が80%未満のケース◁

まず、経費および棚卸資産にかかるものは租税公課に計上します。

　　租　税　公　課　800,000／仮払消費税等　800,000

固定資産にかかるものは2つの処理方法のいずれかを選択します。

1つは、繰延経理するものです。

器具備品は1式で15万円です。

20万円未満ですから租税公課に計上します。

　　租　税　公　課　150,000／仮払消費税等　150,000

機械装置にかかるものは繰延資産とします。

　　繰　延　資　産　600,000／仮払消費税等　600,000

もう1つは、固定資産の取得価額に含める処理です。

　　機　械　装　置　600,000／仮払消費税等　600,000

〔繰延経理した消費税等の償却〕

繰延消費税等は5年間で償却します。

算式で示すと、

$$繰延消費税額等 \times \frac{その事業年度の月数}{60} = 損金算入限度額$$

となります。

繰延消費税等が生じた事業年度は、上の算式で計算した金額の2分の1に相当する金額を償却限度とします。

例えば、上記の例では、

$$600,000 \times \frac{12}{60} \times \frac{1}{2} = 60,000$$

60,000円が初年度の償却額となります。

２年目以降は、

$$600,000 \times \frac{12}{60} = 120,000$$

120,000円が償却額となります。

ま　と　め

1.　税込経理方式の場合、消費税等納付額は租税公課として費用になる。

2.　申告したときに、費用になるのが原則である。

3.　未払計上も認められる。

4.　還付のときは、雑収入として収入になる。

5.　申告した事業年度の収入になる。

6.　未収計上も認められる。

7.　棚卸資産や固定資産の取得価額は、事業者が選択した経理方式により、法人税、所得税でも取り扱われる。

8.　少額減価償却資産（10万円未満）の判定も会社が選択した経理方式のとおり判定される。

9.　特別償却の取得価額も会社が経理したとおりに判定する。

10.　交際費の損金不算入額も会社が選択した経理方式により計算する。

11.　控除対象外消費税等は、繰延消費税等として、５年間で償却される。

9　所得税法上の取扱い

　個人事業者の場合も、おおむね法人税法上の取扱いと同じ取扱いになります。

　ただし、所得税固有の扱いがあります。

　その固有の取扱いはつぎのとおりです。

（1）　2以上の所得があるとき、税抜経理方式と税込経理方式の選択適用はどうするか

　個人が事業の用に供していた資産を譲渡した場合に所得税が課税されるときに、その資産の譲渡について消費税が課される場合の経理処理は、つぎのようになります。

　当該資産をその用に供していた事業所得等を生ずべき業務と同一の経理方式で処理します。

　すなわち、**事業所得について税込経理方式を選択していたときは、譲渡所得の計算においても税込経理方式を適用**します。

　一方、**事業所得について税抜経理方式を選択していたときは、譲渡所得の計算においても税抜経理方式を適用**します。

　例えば、製造業を営んでいる個人が、その事業の用に供していた建物を2,000万円（この他に、消費税等（10%）200万円）で売却したケースでみてみましょう。

　事業所得については税抜経理方式を適用しています。

　この場合には、譲渡所得も税抜経理方式で計算します。

現　　　　金	20,000,000 /	固 定 資 産売 却 収 入	20,000,000

現　　　　金	2,000,000 /	仮受消費税等	2,000,000

固 定 資 産売 却 原 価	×××× /	建　　　　物	××××

なお、税込経理方式の場合にはつぎのようになります。

現　　　　金	22,000,000 /	固 定 資 産売 却 収 入	22,000,000

固 定 資 産売 却 原 価	×××× /	建　　　　物	××××

（2）　仮受消費税等および仮払消費税等の精算はどうするか

　個人事業者が、事業所得等の計算において税抜経理方式を適用している場合に、簡易課税制度の適用を受けたときの、仮受消費税等と仮払消費税等との差額と、納付すべき消費税額等とに差額が生じたときは、つぎのような取扱いになります。

(1)　$\boxed{\text{仮 受消費税等} - \text{仮 払消費税等}} > \boxed{\text{納付すべき消費税等}}$　のケース

　差額の利益については、事業所得等の金額の計算上、雑収入として総収入金額に算入されます。

(2)　$\boxed{\text{仮 受消費税等} - \text{仮 払消費税等}} < \boxed{\text{納付すべき消費税等}}$　のケース

　差額の損失については、事業所得等の金額の計算上、租税公課として必要経費に算入されます。

　この取扱いは、2以上の所得区分の異なる業務を行っている場合、税抜

経理方式を適用しているすべての業務については、それぞれ、他の業務はないものとして上記の取扱いが適用されます。

例えば、小売業とテナントビル賃貸業を営んでいる個人事業者の、つぎのようなケースで経理処理をみてみましょう（税率10％を前提としています。）。

〔**事業所得**〕

① 課税売上高（税抜き）　　　　　25,000,000円

② 課税売上にかかる消費税等　　　2,500,000円

③ 課税仕入高（税抜き）　　　　　16,000,000円

④ 課税仕入にかかる消費税等　　　1,600,000円

⑤ 簡易課税による納税額　　　　　500,000円

$$\left(\begin{array}{l}消\quad費\quad税\quad 1,950,000円-1,950,000円\times80\% \\ 地方消費税\quad 390,000円\times\dfrac{22}{78} \\ 合\qquad計\quad 390,000円+110,000円\end{array}\right)$$

〔**不動産所得**〕

① 課税売上高（税抜き）　　　　　15,000,000円

② 課税売上にかかる消費税等　　　1,500,000円

③ 課税仕入高（税抜き）　　　　　5,000,000円

④ 課税仕入にかかる消費税等　　　500,000円

⑤ 簡易課税による納税額　　　　　900,000円

$$\left(\begin{array}{l}消\quad費\quad税\quad 1,170,000円-1,170,000円\times40\% \\ 地方消費税\quad 702,000円\times\dfrac{22}{78} \\ 合\qquad計\quad 702,000円+198,000円\end{array}\right)$$

※消費税＝課税売上高×7.8％

$$\left(仕入税額控除額=（課税仕入高+消費税等）\times\dfrac{7.8}{110}\right)$$

$$\left(地方消費税 = 納付すべき消費税 \times \frac{22}{78}\right)$$

　事業所得の経理処理は、つぎのとおりで、雑収入とし、**事業所得の計算上、400,000円を総収入金額に算入します。**

仮受消費税等　2,500,000	仮払消費税等	1,600,000
	未払消費税等	500,000
	雑　　収　　入	400,000

　不動産所得の経理処理は、つぎのとおりです。

仮受消費税等　1,500,000	仮払消費税等	500,000
	未払消費税等	900,000
	雑　　収　　入	100,000

　100,000円を、不動産所得の計算上、総収入金額に算入します。

　すなわち、各所得ごとに他の所得に関係なく雑収入の計算をして、各所得の総収入金額に含めるということです。

　税抜経理方式の場合において、簡易課税制度の適用を受けるときには、この制度適用前の納付すべき消費税額等とその適用後の消費税額等との差額は、雑収入（または雑損失）として、総収入金額（または必要経費）に算入することになります。

ま　と　め

1. 事業用資産を譲渡したときは、事業所得で選択した経理方式で、譲渡所得も計算される。
2. 消費税の精算により生じた差益または差損は各所得の計算上、収入金額または、必要経費になる。

第15章

消費税等の対象となる科目・ならない科目

消費税等の対象となる科目・ならない科目を、Ｐ／ＬやＢ／Ｓ項目に従って分類すると、本章で示す表のようになります。

1　売　　上（営業収益）

課税……………………………………○

非課税…………………………………×

課税と非課税両方あるもの……△

業　種	売上の内容	課税	
卸・小売業	課　税　売　上	○	例えば、衣料品、電気製品、日用品など。
	非　課　税　売　上	×	例えば、商品券、ビール券、図書カード、テレホンカードなど。
製　造　業	課　税　売　上	○	卸・小売業の例によります。
サービス業	課　税　売　上	○	例えば、貨物輸送業、警備会社、税理士、弁護士など。
不　動　産　業	土　地　の　譲　渡	×	住宅用のもの、その他のものもすべて非課税です。
	建　物　の　譲　渡	○	
	仲　　介　　料	○	
	管　　理　　料	○	
	土　地　賃　貸　料	×	賃貸期間が1ヶ月未満は課税。
	建　物　賃　貸　料（住宅以外）	○	土地の貸付けにかかる対価を区分しているときであっても、全体に課税されます。
	建　物　賃　貸　料（住宅）	×	
	月　ぎ　め　駐　車　場	○	駐車場は土地の貸借というよりも、車の管理が主目的ということで、課税となります。

業　　種	売上の内容	課税	
不 動 産 業	一時的空地の賃貸料	○	
	時 間 貸 駐 車 場	○	
建　　設　　業		○	
金　　融　　業	貸 付 金 利 息	×	
	信 用 保 証 料	×	
	有 価 証 券 の 譲 渡	×	
	外 為 手 数 料	×	
	国内送金為替手数料	○	郵便為替手数料も課税です。
	有価証券売買手数料	○	
	貸 金 庫 手 数 料	○	
	そ の 他 手 数 料	○	当座小切手手数料、株式払込手数料、配当金取扱手数料など。
リ ー ス 業	リ ー ス 料 収 入	○	ファイナンス・リース料のうち利子、保険料等に該当する部分として別記されたものは非課税です。
輸　　　　出		×	免税です。 最終輸出業者が免税です。 国内販売との区分が必要です。
そ　の　他	設 計 料 収 入	○	住宅の設計も課税です。
	倉 敷 料	○	
	自 由 診 療 収 入	○	
	社 会 保 険 診 療 収 入	×	
	飲 食 業	○	
	学 校 教 育	○	入学金。
		×	授業料、入学検定料。 （塾はすべて課税です。）

2　売上原価

業　　種	内　　容	課税	
商 品 仕 入	課　　税　　品	○	
材 料 仕 入	課　　税　　品	○	
労　務　費		×	現金給付以外の福利厚生費を除きます。
外　注　費		○	
製 造 経 費		○	電力料、ガス料金、消耗型工具費、支払手数料、修繕費、事務用品費、消耗品費。
		△	交際費、会議費、運賃、旅費交通費。 （現金の贈答や海外の運賃・旅費交通費などは非課税です。）
		×	地代、保険料、租税公課、減価償却費。
		△	通信費。 （国際通信費は免税取引です。）

3　販売費および一般管理費

（詳細は255ページ以降の表もごらん下さい。）

（1）　消費税等の課税対象としてなじまない勘定科目

①　人 件 費

役員報酬、給料、賞与、退職金、法定福利費、賞与引当金繰入額、退職給付引当金繰入額、出向者にかかる給与負担金

（例外）　人材派遣会社に支払う費用には、消費税等が含まれます。

②　その他の経費

減価償却費、租税公課、現金寄附、貸倒引当金繰入額

（2）　消費税等が非課税となっている勘定科目

保険料、地代、通信費のうち国際電話代（免税取引）

（3）　一般的に消費税等が課税されている勘定科目

①　販　売　費

発送費、販売促進費、広告宣伝費、販売手数料

②　管　理　費

修繕費、電気・ガス料金、事務用消耗品費、図書費、リース料、倉敷料、

荷造費、特許権等使用料、支払手数料、研修費

〔販　売　費〕

科　　目	内　　容	課税	
発　送　費	ト ラ ッ ク 運 送	○	
	宅　　配　　便	○	
	郵　便　小　包	○	
	保　冷　運　送	○	
販 売 促 進 費	見　本　品　費	○	⎱ 商品仕入時または材料仕入時
	試　供　品　費	○	⎰ に消費税が含まれています。
	リ　ベ　ー　ト	○	消費税の控除項目になります。
	物 品 の 贈 答	△	商品券等は非課税です。
	展　示　会　費　用	○	
	旅　行　の　招　待	○	
	抽 せ ん 会 費 用	△	商品券は非課税です。
	景　品　引　換	△	商品券は非課税です。
広 告 宣 伝 費	広　　告　　料	○	テレビコマーシャル、新聞広告、チラシ、看板掲載。
	カ タ ロ グ 作 成	○	
	Ｃ　　Ｉ　　費	○	
	ダイレクトメール	△	切手代は購入時に課税取引として処理します。
	共同主催の広告宣伝	○	各負担者が仕入税額控除を受けることになります。
販 売 手 数 料	個 人 （非 事 業 者）	○	
	そ　　の　　他	○	

〔**一般管理費**〕

科　　目	内　　容	課税	
福利厚生費	残　業　食　事　代	○	
	お　　茶　　代	○	
	健　康　診　断	○	
	作業衣・事務服代	○	
	慰　安　旅　行	○	
	忘年会・歓送迎会	○	
	祝　金　や　香　典	×	現金支給は対象になりません。
旅費交通費	グ リ ー ン 料 金	○	旅費精算書等で明らかにしておきます。
	航　空　運　賃	○	
	ハ　イ　ヤ　ー	○	
	高　速　料　金	○	
	そ　　の　　他	○	出張費の中に含まれている日当などには消費税は課税されません。しかし、課税されたものとして仕入税額控除の対象となります。 　ただし、海外出張に伴う日当については、仕入税額控除の対象にはなりません。
通　信　費		△	国際電話代は免税取引です。
修　繕　費		○	
水道光熱費		○	
事務用品費		○	
消　耗　品　費		○	

科　　目	内　　容	課税	
新 聞 図 書 費	新　聞　購　読　料	○	
	そ　の　他　図　書	○	
交 際 接 待 費	飲　　　　　　　食	○	
	慶　弔　見　舞　金	×	消費税等は無関係です。
	贈　答　品　費	△	商品券等は非課税です。
			他の物品は課税です。
	ロータリー、ライオンズ	×	
	ゴ ル フ プ レ ー 代	○	ゴルフ場利用税が併課されています。
	ゴルフクラブ年会費	○	
	費　途　不　明　金	×	
諸　　会　　費	同業者団体の会費		
	｛通　　常　　会　　費	×	対価性なし。
	｛そ　　の　　他	○	対価性の有無により判定します。
	政　治　団　体	×	
	セ ミ ナ ー 会 費	○	
	町　　会　　費	×	
リ ー ス 料		○	売買として取り扱われるリース取引にご注意ください。その場合、リース契約時にリース料全体にかかります。
倉　　敷　　料		○	
荷　　造　　費		○	
特許権等使用料		△	海外への支払いは非課税です。

科　目	内　容	課税	
支払手数料	弁護士・会計士等手数料	○	
	振込手数料	○	銀行、郵便局とも課税です。
人員募集費	募集広告料	○	
会議費	会場費	○	
	お茶代	○	
	食事代	○	
研修代	書籍代	○	
	会場費	○	
	講演料	△	講演を事業として行っている人（またはセミナー会社）に対して課税されます。
車輌費	ガソリン代	○	
	車検料	○	
	修繕費	○	
寄附金		△	課税物品を寄附した場合にのみ課税されます。
雑費		△	内容ごとに調査することになりますから、できるだけ適正な科目額処理することが必要です。
その他	警備保障料	○	
	テレビ受信料	○	

4 営業外収益

科　　目	内　　容	課税	
受 取 利 息		×	預金利息、貸付金利息などすべて非課税です。
受 取 配 当 金		×	消費税等になじまないものです。
地 代 収 入		×	
家 賃 収 入		△	住宅は非課税です。
リース料収入		○	
有価証券売却益		×	
経 営 指 導 料		△	通常は、役務提供に相当するものですから課税です。
為 替 差 益		×	
受 取 手 数 料		○	
保険事務手数料		○	
引当金戻入益		×	消費税等に無関係です。

科　　目	内　　容	課税	
機 械 売 却 益		○	譲渡収入が消費税等の対象です。買換えの圧縮記帳や交換の圧縮記帳をしている場合でもみなす譲渡収入が課税対象となります。
型　売　却　益		○	下取りも下取価額に課税されます。
什器備品売却益		○	
雑　　収　　入		△	内容別に管理することが必要です。

5　営業外費用

科　　目	内　　容	課税	
支払利息割引料		×	
為　替　差　損		×	
有価証券売却損		×	
有価証券評価損		×	
固定資産除却損		×	
車　輌　売　却　損		○	
機　械　売　却　損		○	売却価額が消費税等の対象です。
型　売　却　損		○	
什器備品売却損		○	
雑　　損　　失		△	内容ごとに管理することが必要です。

6 特別損益

科　　目	内　　容	課税	
投資有価証券売却損益		×	
土地売却損益		×	
建物売却損益		○	譲渡収入が課税対象となります。買換えの圧縮記帳や交換の圧縮記帳をしている場合でも、みなし譲渡収入が課税対象となります。
ゴルフ会員権の譲渡損益		○	
役員退職金		×	

7　固定資産 （購入）──仕入税額控除

科　　　目	内　　容	課税	
建　　　　　物		○	
構　築　物		○	
機 械 装 置		○	
車 輌 運 搬 具		○	
什 器 備 品		○	
工　　　具		○	
型		○	
土　　　地		×	
コンピュータソフト		○	
借　地　権		×	
敷　　　金		×	
更　新　料		×	土地にかかる賃借料同様、非課税です。
電 話 加 入 権		○	
特　許　権		△	他から購入すると課税されます。
著　作　権		△	
公共的施設・共同的施設の負担金		△	負担金を収授する事業者と負担金を支払う事業者の両者が対価性がないものとしているときは、それが認められます。

参　考　資　料

第3−(1)号様式

基準期間用

消 費 税 課 税 事 業 者 届 出 書

収受印			
令和 6 年 3 月 1 日	届出者	（フリガナ） 納 税 地	（〒　−　） （電話番号　−　−　）
		（フリガナ） 住所又は居所 （法人の場合） 本 店 又 は 主たる事務所 の 所 在 地	（〒　−　） （電話番号　−　−　）
		（フリガナ） 名称（屋号）	渋谷商事株式会社
		個 人 番 号 又 は 法 人 番 号	↓ 個人番号の記載に当たっては、左端を空欄とし、ここから記載してください。
		（フリガナ） 氏 名 （法人の場合） 代 表 者 氏 名	
＿＿＿税務署長殿		（フリガナ） （法人の場合） 代表者住所	（電話番号　−　−　）

下記のとおり、基準期間における課税売上高が1,000万円を超えることとなったので、消費税法第57条第1項第1号の規定により届出します。

適用開始課税期間	自 ○平成 ●令和 6 年 4 月 1 日	至 ○平成 ●令和 7 年 3 月 31 日	
上記期間の 基 準 期 間	自 ○平成 ●令和 4 年 4 月 1 日	左記期間の 総売上高	25,000,000 円
	至 ○平成 ●令和 5 年 3 月 31 日	左記期間の 課税売上高	24,000,000 円

事業内容等	生年月日（個人）又は設立年月日（法人）	1明治・2大正・3昭和・4平成・5令和 年　月　日	法人のみ記載	事業年度	自 月 日 至 月 日
				資 本 金	円
	事 業 内 容			届出区分	相続・合併・分割等・その他

参考事項		税理士署名	（電話番号　−　−　）

※税務署処理欄	整理番号		部門番号			
	届出年月日	年 月 日	入力処理	年 月 日	台帳整理	年 月 日
	番号確認	身元確認 □済 □未済	確認書類	個人番号カード／通知カード・運転免許証 その他		

注意　1．裏面の記載要領等に留意の上、記載してください。
　　　2．税務署処理欄は、記載しないでください。

第3－(2)号様式

特定期間用

消 費 税 課 税 事 業 者 届 出 書

	収受印			
令和 6 年 3 月 1 日	届 出 者	（フリガナ） 納 税 地	（〒　－　） （電話番号　－　－　）	
		（フリガナ） 住所又は居所 (法人の場合) 本店又は 主たる事務所 の 所 在 地	（〒　－　） （電話番号　－　－　）	
		（フリガナ） 名称（屋号）	渋谷商事株式会社	
		個 人 番 号 又 は 法 人 番 号	↓ 個人番号の記載に当たっては、左端を空欄とし、ここから記載してください。	
		（フリガナ） 氏 名 (法人の場合) 代 表 者 氏 名		
＿＿＿＿＿税務署長殿		（フリガナ） (法人の場合) 代 表 者 住 所	（電話番号　－　－　）	

下記のとおり、特定期間における課税売上高が1,000万円を超えることとなったので、消費税法第57条第1項第1号の規定により届出します。

適用開始課税期間	自 ○平成 ◉令和　6 年 4 月 1 日　至 ○平成 ◉令和　7 年 3 月 31 日		
上 記 期 間 の 特 定 期 間	自 ○平成 ◉令和　5 年 4 月 1 日 至 ○平成 ◉令和　5 年 9 月 30 日	左記期間の 総 売 上 高	16,000,000 円
		左記期間の 課税売上高	15,800,000 円
		左記期間の 給与等支払額	10,150,000 円
事業内容等	生年月日（個人）又は設立年月日(法人)	1明治・2大正・3昭和・4平成・5令和 ○　　○　　○　　○　　○ 年　　月　　日	法人のみ記載	事 業 年 度	自　月　日 至　月　日
	事 業 内 容			資 本 金	円

参考事項		税理士 署 名	（電話番号　－　－　）

※税務署処理欄	整理番号		部門番号					
	届出年月日	年　月　日	入力処理	年　月　日	台帳整理	年　月　日		
	番号確認		身元確認	□ 済 □ 未済	確認書類	個人番号カード／通知カード・運転免許証 その他（　　　　　）		

注意　1．裏面の記載要領等に留意の上、記載してください。
　　　2．税務署処理欄は、記載しないでください。

第5号様式

消費税の納税義務者でなくなった旨の届出書

収受印			
令和 6 年 3 月10日	届 出 者	（フリガナ） 納 税 地	（〒 　 － 　 ） （電話番号 　 － 　 － 　 ）
		（フリガナ） 氏 名 又 は 名 称 及 び 代 表 者 氏 名	渋谷商事株式会社
＿＿＿＿税務署長殿		個 人 番 号 又 は 法 人 番 号	↓ 個人番号の記載に当たっては、左端を空欄とし、ここから記載してください。

　下記のとおり、納税義務がなくなりましたので、消費税法第57条第1項第2号の規定により届出します。

①	この届出の適用 開始課税期間	自 ○平成 ●令和 6 年 4 月 1 日　至 ○平成 ●令和 7 年 3 月 31 日
②	①の基準期間	自 ○平成 ●令和 4 年 4 月 1 日　至 ○平成 ●令和 5 年 3 月 31 日
③	②の課税売上高	9,000,000 円

※1 　この届出書を提出した場合であっても、特定期間（原則として、①の課税期間の前年の1月1日（法人の場合は前事業年度開始の日）から6か月間）の課税売上高が1千万円を超える場合には、①の課税期間の納税義務は免除されないこととなります。
　2 　高額特定資産の仕入れ等を行った場合に、消費税法第12条の4第1項の適用がある課税期間については、当該課税期間の基準期間の課税売上高が1千万円以下となった場合であっても、その課税期間の納税義務は免除されないこととなります。
（詳しくは、裏面をご覧ください。）

納 税 義 務 者 と な っ た 日	●平成 ○令和 24 年 4 月 1 日
参 考 事 項	
税 理 士 署 名	（電話番号 　 － 　 － 　 ）

※ 税 務 署 処 理 欄	整理番号			部門番号					
	届出年月日	年 月 日	入力処理	年 月 日	台帳整理	年 月 日
	番号 確認	身元 確認	□ 済 □ 未済	確認 書類	個人番号カード／通知カード・運転免許証 その他（ 　 ）				

注意　1．裏面の記載要領等に留意の上、記載してください。
　　　2．税務署処理欄は、記載しないでください。

第1号様式

消 費 税 課 税 事 業 者 選 択 届 出 書

収受印

令和 6 年 3 月 1 日 ＿＿＿＿税務署長殿	届 出 者	（フリガナ） 納　税　地	（〒　　—　　　） （電話番号　　—　　—　　　）
		（フリガナ） 住所又は居所 （法人の場合） 本 店 又 は 主たる事務所 の 所 在 地	（〒　　—　　　） （電話番号　　—　　—　　　）
		（フリガナ） 名称（屋号）	東京商会株式会社
		個 人 番 号 又 は 法 人 番 号	↓ 個人番号の記載に当たっては、左端を空欄とし、ここから記載してください。
		（フリガナ） 氏　　名 （法人の場合） 代 表 者 氏 名	
		（フリガナ） （法人の場合） 代 表 者 住 所	（電話番号　　—　　—　　　）

　下記のとおり、納税義務の免除の規定の適用を受けないことについて、消費税法第9条第4項の規定により届出します。

適用開始課税期間	自 ○平成 ●令和 6 年 4 月 1 日　至 ○平成 ●令和 7 年 3 月 31 日		
上 記 期 間 の	自 ○平成 ●令和 4 年 4 月 1 日	左記期間の 総売上高	7,000,000 円
基 準 期 間	至 ○平成 ●令和 5 年 3 月 31 日	左記期間の 課税売上高	6,000,000 円

事業内容等	生年月日（個人）又は設立年月日（法人）	1明治・2大正・3昭和・4平成・5令和 ○　○　○　○　○ 年　　月　　日	法人のみ記載	事 業 年 度	自　月　日至　月　日
				資 本 金	円
	事 業 内 容		届出区分	事業開始・設立・相続・合併・分割・特別会計・その他 ○　○　○　○　○　○　○	

参考事項		税理士署名	
		（電話番号　　—　　—　　　）	

※税務署処理欄	整理番号		部門番号				
	届出年月日	年　月　日	入力処理	年　月　日	台帳整理	年　月　日	
	通信日付印 年　月　日	確認	番号確認	身元確認　□済　□未済	確認書類	個人番号カード／通知カード・運転免許証 その他（　　　）	

注意　1．裏面の記載要領等に留意の上、記載してください。
　　　2．税務署処理欄は、記載しないでください。

第2号様式

消費税課税事業者選択不適用届出書

収受印			
令和 6 年 3 月 1 日	届 出 者	（フリガナ） 納 税 地	（〒 － ） （電話番号 － － ）
		（フリガナ） 氏 名 又 は 名 称 及 び 代 表 者 氏 名	**渋谷商事株式会社**
＿＿＿＿＿税務署長殿		個 人 番 号 又 は 法 人 番 号	↓ 個人番号の記載に当たっては、左端を空欄とし、ここから記載してください。

下記のとおり、課税事業者を選択することをやめたいので、消費税法第9条第5項の規定により届出します。

①	この届出の適用 開始課税期間	自 ○平成 ●令和 6 年 4 月 1 日	至 ○平成 ●令和 7 年 3 月 31 日
②	①の基準期間	自 ○平成 ●令和 4 年 4 月 1 日	至 ○平成 ●令和 5 年 3 月 31 日
③	②の課税売上高		7,000,000 円

※ この届出書を提出した場合であっても、特定期間（原則として、①の課税期間の前年の1月1日（法人の場合は前事業年度開始の日）から6か月間）の課税売上高が1千万円を超える場合には、①の課税期間の納税義務は免除されないこととなります。詳しくは、裏面をご覧ください。

課 税 事 業 者 と な っ た 日	○平成 ●令和 2 年 4 月 1 日
事 業 を 廃 止 し た 場 合 の 廃 止 し た 日	○平成 ○令和 年 月 日
提 出 要 件 の 確 認	課税事業者となった日から2年を経過する日までの間に開始した各課税期間中に調整対象固定資産の課税仕入れ等を行っていない。 　はい ☑ ※ この届出書を提出した課税期間が、課税事業者となった日から2年を経過する日までに開始した各課税期間である場合、この届出書提出後、届出を行った課税期間中に調整対象固定資産の課税仕入れ等を行うと、原則としてこの届出書の提出はなかったものとみなされます。詳しくは、裏面をご確認ください。
参 考 事 項	
税 理 士 署 名	（電話番号 － － ）

※税務署処理欄	整理番号		部門番号					
	届出年月日	年 月 日	入力処理	年 月 日	台帳整理	年 月 日		
	通信日付印	確認	番号 確認		身元 確認	□ 済 □ 未済	確認 書類	個人番号カード／通知カード・運転免許証 その他（ ）
	年 月 日							

注意　1．裏面の記載要領等に留意の上、記載してください。
　　　2．税務署処理欄は、記載しないでください。

第33号様式

消 費 税 課 税 事 業 者 選 択 （ 不 適 用 ）
届 出 に 係 る 特 例 承 認 申 請 書

収受印

令和 6 年 5 月 1 日	申請者	（フリガナ） 納　税　地	（〒　　－　　　） 　　　　　　　　　（電話番号　　　－　　　－　　　）
		（フリガナ） 氏 名 又 は 名 称 及 び 代 表 者 氏 名	渋谷商事株式会社
_____税務署長殿		個 人 番 号 又 は 法 人 番 号	↓ 個人番号の記載に当たっては、左端を空欄とし、ここから記載してください。

　　下記のとおり、消費税法施行令第20条の２第１項又は第２項に規定する届出に係る特例の承認を
受けたいので申請します。

届出日の特例の承認を受けようとする届出書の種類	☑ ① 消費税課税事業者選択届出書 ☐ ② 消費税課税事業者選択不適用届出書 　　　　　　【届出書提出年月日 ： 令和____年____月____日】
特例規定の適用を受けようとする（受けることをやめようとする）課税期間の初日及び末日	自 平成 　　令和 6 年 4 月 1 日　　至 平成 　　　　　　　　　　　　　　　　　令和 7 年 3 月 31 日 （②の届出の場合は初日のみ記載します。）
上記課税期間の基準期間における課税売上高	7,000,000　　　　円
上記課税期間の初日の前日までに提出できなかった事情	

※ ②の届出書を提出した場合であっても、特定期間（原則として、上記課税期間の前年の１月１日（法人の場合は前事業年度開始の日）から６か月間）の課税売上高が１千万円を超える場合には、上記課税期間の納税義務は免除されないこととなります。詳しくは、裏面をご覧ください。

事 業 内 容 等		税 理 士 署 名	（電話番号　　　－　　　－　　　）
参 考 事 項			

※ 　上記の申請について、消費税法施行令第20条の２第１項又は第２項の規定により、上記の届出書が特例規定
　の適用を受けようとする（受けることをやめようとする）課税期間の初日の前日（平成　　令和　　年　月　日）
　に提出されたものとすることを承認します。

_____第_____号　　　　　　　　　　　　　税 務 署 長　　　　　　　印
令和　　年　月　日

※税務署処理欄	整理番号		部門番号		みなし届出年月日	年　月　日
	申請年月日	年　月　日	入力処理	年　月　日	台帳整理	年　月　日
	番号確認	身元確認 ☐済 ☐未済	確認書類	個人番号カード／通知カード・運転免許証 その他（　　　）		

注意 　1．この申請書は、２通提出してください。
　　　2．※印欄は、記載しないでください。

第9号様式

消費税簡易課税制度選択届出書

収受印				
令和6年3月1日	届出者	（フリガナ）納税地	（〒　　－　　） 　　　　　　　　　　（電話番号　　－　　－　　）	
		（フリガナ）氏名又は名称及び代表者氏名	渋谷商事株式会社	
_____税務署長殿		法人番号	※個人の方は個人番号の記載は不要です。	

下記のとおり、消費税法第37条第1項に規定する簡易課税制度の適用を受けたいので、届出します。

☐ 所得税法等の一部を改正する法律（平成28年法律第15号）附則第51条の2第6項の規定又は消費税法施行令等の一部を改正する政令（平成30年政令第135号）附則第18条の規定により消費税法第37条第1項に規定する簡易課税制度の適用を受けたいので、届出します。

①	適用開始課税期間		自 令和 6 年 4 月 1 日	至 令和 7 年 3 月 31 日		
②	①の基準期間		自 令和 4 年 4 月 1 日	至 令和 5 年 3 月 31 日		
③	②の課税売上高			33,000,000 円		

事 業 内 容 等	（事業の内容）				（事業区分）第　種事業

提 出 要 件 の 確 認	次のイ、ロ又はハの場合に該当する（「はい」の場合のみ、イ、ロ又はハの項目を記載してください。）			はい ☐　いいえ ☑	
	イ	消費税法第9条第4項の規定により課税事業者を選択している場合	課税事業者となった日	令和　年　月　日	
			課税事業者となった日から2年を経過する日までの間に開始した各課税期間中に調整対象固定資産の課税仕入れ等を行っていない	はい ☐
	ロ	消費税法第12条の2第1項に規定する「新設法人」又は同法第12条の3第1項に規定する「特定新規設立法人」に該当する（該当していた）場合	設立年月日	令和　年　月　日	
			基準期間がない事業年度に含まれる各課税期間中に調整対象固定資産の課税仕入れ等を行っていない	はい ☐
	ハ	消費税法第12条の4第1項に規定する「高額特定資産の仕入れ等」を行っている場合（同条第2項の規定の適用を受ける場合） 仕入れ等を行った資産が高額特定資産に該当する場合はАの欄を、自己建設高額特定資産に該当する場合はВの欄をそれぞれ記載してください。	A	仕入れ等を行った課税期間の初日	令和　年　月　日	
				この届出による①の「適用開始課税期間」は、高額特定資産の仕入れ等を行った課税期間の初日から、同日以後3年を経過する日の属する課税期間までの各課税期間に該当しない	はい ☐
			B	仕入れ等を行った課税期間の初日	●平成 ●令和　年　月　日	
				建設等が完了した課税期間の初日	令和　年　月　日	
				この届出による①の「適用開始課税期間」は、自己建設高額特定資産の建設等に要した仕入れ等に係る支払対価の額の累計額が1千万円以上となった課税期間の初日から、自己建設高額特定資産の建設等が完了した課税期間の初日以後3年を経過する日の属する課税期間までの各課税期間に該当しない	はい ☐

※　消費税法第12条の4第2項の規定による場合は、ハの項目を次のとおり記載してください。
「消費税法第12条の4第1項」は、「消費税法第12条の4第2項」と、「自己建設高額特定資産」は、「調整対象自己建設高額資産」と読み替える。
「仕入れ等を行った」は、「消費税法第36条第1項又は第3項の規定の適用を受けた」と、「自己建設高額特定資産の建設等に要した仕入れ等に係る支払対価の額の累計額が1千万円以上となった」は、「調整対象自己建設高額資産について消費税法第36条第1項又は第3項の規定の適用を受けた」と読み替える。

※　この届出書を提出した課税期間が、上記イ、ロ又はハに記載の各課税期間である場合、この届出書提出後、届出を行った課税期間中に調整対象固定資産の課税仕入れ等又は高額特定資産の仕入れ等を行うと、原則としてこの届出書の提出はなかったものとみなされます。詳しくは、裏面をご確認ください。

参 考 事 項	
税 理 士 署 名	（電話番号　　－　　－　　）

税務署処理欄	整理番号		部門番号						
	届出年月日	年　月　日	入力処理	年　月　日	台帳整理	年　月　日			
	通信日付印	年　月　日	確認	番号確認					

注意　1．裏面の記載要領等に留意の上、記載してください。
　　　2．税務署処理欄は、記載しないでください。

第25号様式

消費税簡易課税制度選択不適用届出書

収受印			

令和 6 年 3 月 1 日	届出者	（フリガナ）	
		納税地	（〒　　－　　　） （電話番号　　－　　－　　　）
		（フリガナ）	
		氏名又は名称及び代表者氏名	川崎商会株式会社
＿＿＿＿＿税務署長殿		法人番号	※ 個人の方は個人番号の記載は不要です。

　下記のとおり、簡易課税制度をやめたいので、消費税法第37条第5項の規定により届出します。

①	この届出の適用開始課税期間	自 ○平成 ◉令和　6 年 4 月 1 日　至 ○平成 ◉令和　7 年 3 月 31 日
②	①の基準期間	自 ○平成 ◉令和　4 年 4 月 1 日　至 ○平成 ◉令和　5 年 3 月 31 日
③	②の課税売上高	36,000,000 円
	簡易課税制度の適用開始日	◉平成 ○令和　24 年 1 月 1 日
	事業を廃止した場合の廃止した日	○平成 ○令和　　年　　月　　日
	※ 事業を廃止した場合には記載してください。	個人番号
	参　考　事　項	
	税　理　士　署　名	（電話番号　　－　　－　　　）

※税務署処理欄	整理番号		部門番号			
	届出年月日	年　月　日	入力処理	年　月　日	台帳整理	年　月　日
	通信日付印 年　月　日	確認	番号確認	身元確認 □済 □未済	確認書類	個人番号カード／通知カード・運転免許証 その他（　　　　　）

注意　1．裏面の記載要領等に留意の上、記載してください。
　　　2．税務署処理欄は、記載しないでください。

第4-(2)号様式

付表2-1 課税売上割合・控除対象仕入税額等の計算表
〔経過措置対象課税資産の譲渡等を含む課税期間用〕　　　　　　一 般

| 課 税 期 間 | 6・4・1 ～ 7・3・31 | 氏名又は名称 | 川崎商会株式会社 |

項　目		旧 税 率 分 小 計 X (付表2-2のⒸ欄の金額)	税率6.24％適用分 D	税率7.8％適用分 E	合　計　F (X+D+E)
課 税 売 上 額 （ 税 抜 き ）	①		円	120,000,000 円	120,000,000 円
免 税 売 上 額	②				
非 課 税 資 産 の 輸 出 等 の 金 額、海 外 支 店 等 へ 移 送 し た 資 産 の 価 額	③				
課税資産の譲渡等の対価の額（①＋②＋③）	④				120,000,000
課 税 資 産 の 譲 渡 等 の 対 価 の 額 （ ④ の 金 額 ）	⑤				120,000,000
非 課 税 売 上 額	⑥				5,000,000
資 産 の 譲 渡 等 の 対 価 の 額 （ ⑤ ＋ ⑥ ）	⑦				125,000,000
課 税 売 上 割 合 （ ④ ／ ⑦ ）	⑧				［ 96％ ］
課 税 仕 入 れ に 係 る 支 払 対 価 の 額 （ 税 込 み ）	⑨	(付表2-2のⒸ欄の金額)		88,000,000	88,000,000
課 税 仕 入 れ に 係 る 消 費 税 額	⑩	(付表2-2のⒸ欄の金額)		6,240,000	6,240,000
適格請求書発行事業者以外の者から行った課税仕入れに係る経過措置の適用を受ける課税仕入れに係る支払対価の額（税込み）	⑪	(付表2-2のⒸ欄の金額)			
適格請求書発行事業者以外の者から行った課税仕入れに係る経過措置により課税仕入れに係る消費税額とみなされる額	⑫	(付表2-2のⒸ欄の金額)			
特 定 課 税 仕 入 れ に 係 る 支 払 対 価 の 額	⑬	(付表2-2のⒸ欄の金額)			
特 定 課 税 仕 入 れ に 係 る 消 費 税 額	⑭	(付表2-2のⒸ欄の金額)			
課 税 貨 物 に 係 る 消 費 税 額	⑮	(付表2-2のⒸ欄の金額)			
納 税 義 務 の 免 除 を 受 け な い （ 受 け る ） こ と と な っ た 場 合 に お け る 消 費 税 額 の 調 整 （ 加 算 又 は 減 算 ） 額	⑯	(付表2-2のⒸ欄の金額)			
課 税 仕 入 れ 等 の 税 額 の 合 計 額 （⑩＋⑫＋⑭＋⑮±⑯）	⑰	(付表2-2のⒸ欄の金額)		6,240,000	6,240,000
課 税 売 上 高 が 5 億 円 以 下 、 か つ 、 課 税 売 上 割 合 が 95 ％ 以 上 の 場 合 （⑰の金額）	⑱	(付表2-2のⒸ欄の金額)		6,240,000	6,240,000
課税売上高が5億円超又は課税売上割合が95％未満の場合	個別対応方式	⑰のうち、課税売上げにのみ要するもの	⑲	(付表2-2のⒸ欄の金額)			
		⑰のうち、課税売上げと非課税売上げに共通して要するもの	⑳	(付表2-2のⒸ欄の金額)			
		個 別 対 応 方 式 に よ り 控 除 す る 課 税 仕 入 れ 等 の 税 額 〔⑲＋（⑳×④／⑦）〕	㉑	(付表2-2のⒸ欄の金額)			
	一括比例配分方式により控除する課税仕入れ等の税額（⑰×④／⑦）		㉒	(付表2-2のⒸ欄の金額)			
控除税額の調整	課税売上割合変動時の調整対象固定資産に係る消費税額の調整（加算又は減算）額		㉓	(付表2-2のⒸ欄の金額)			
	調整対象固定資産を課税業務用（非課税業務用）に転用した場合の調整（加算又は減算）額		㉔	(付表2-2のⒸ欄の金額)			
	居 住 用 賃 貸 建 物 を 課 税 賃 貸 用 に 供 し た （ 譲 渡 し た ） 場 合 の 加 算 額		㉕	(付表2-2のⒸ欄の金額)			
差引	控 除 対 象 仕 入 税 額 〔（⑱、㉑又は㉒の金額）±㉓±㉔＋㉕〕がプラスの時		㉖	(付表2-2のⒸ欄の金額)			6,240,000
	控 除 過 大 調 整 税 額 〔（⑱、㉑又は㉒の金額）±㉓±㉔＋㉕〕がマイナスの時		㉗	(付表2-2のⒸ欄の金額)			
貸 倒 回 収 に 係 る 消 費 税 額		㉘	(付表2-2のⒸ欄の金額)			

注意
1　金額の計算においては、1円未満の端数を切り捨てる。
2　旧税率が適用された取引がある場合は、付表2-2を作成してから当該付表を作成する。
3　⑧・⑯及び㉓欄には、値引き、割戻し、割引きなど仕入対価の返還等の金額（仕入れに係る対価の返還等の金額に係る消費税額）を控除した後の金額を記載する。
4　⑯及び㉓欄の「経過措置」とは、所得税法等の一部を改正する法律（平成28年法律第15号）附則第52条又は第53条の適用がある場合をいう。

(R5.10.1以後終了課税期間用)

第4-(4)号様式

付表5−1　控除対象仕入税額等の計算表　　　　　　　　　　　　簡　易
　　　　　〔経過措置対象課税資産の譲渡等を含む課税期間用〕

| 課税期間 | 6・4・1〜7・3・31 | 氏名又は名称 | 渋谷商事株式会社 |

Ⅰ　控除対象仕入税額の計算の基礎となる消費税額

項　　　目		旧税率分小計 X	税率6.24%適用分 D	税率7.8%適用分 E	合計 F (X＋D＋E)
課 税 標 準 額 に 対 す る 消 費 税 額	①	(付表5-2の①X欄の金額) 円	(付表4-1の②D欄の金額) 円 124,800	(付表4-1の②E欄の金額) 円 3,120,000	(付表4-1の②F欄の金額) 円 3,244,800
貸 倒 回 収 に 係 る 消 費 税 額	②	(付表5-2の②X欄の金額)	(付表4-1の③D欄の金額)	(付表4-1の③E欄の金額)	(付表4-1の③F欄の金額)
売 上 対 価 の 返 還 等 に 係 る 消 費 税 額	③	(付表5-2の③X欄の金額)	(付表4-1の⑤D欄の金額)	(付表4-1の⑤E欄の金額)	(付表4-1の⑤F欄の金額)
控 除 対 象 仕 入 税 額 の 計 算 の 基 礎 と な る 消 費 税 額 （ ① ＋ ② − ③ ）	④	(付表5-2の④X欄の金額)	124,800	3,120,000	3,244,800

Ⅱ　1種類の事業の専業者の場合の控除対象仕入税額

項　　　目		旧税率分小計 X	税率6.24%適用分 D	税率7.8%適用分 E	合計 F (X＋D＋E)
④ × みなし仕入率 (90%・80%・70%・60%・50%・40%)	⑤	(付表5-2の⑤X欄の金額) 円	並付表4-1の⑤D欄へ 99,840	並付表4-1の⑤E欄へ 2,496,000	並付表4-1の⑤F欄へ 2,595,840

Ⅲ　2種類以上の事業を営む事業者の場合の控除対象仕入税額

(1) 事業区分別の課税売上高(税抜き)の明細

項　　　目		旧税率分小計 X	税率6.24%適用分 D	税率7.8%適用分 E	合計 F (X＋D＋E)	
事 業 区 分 別 の 合 計 額	⑥	(付表5-2の⑥X欄の金額) 円	円	円	円	売上 割合
第 一 種 事 業 （ 卸 売 業 ）	⑦	(付表5-2の⑦X欄の金額)			並第一表「事業区分」欄へ	%
第 二 種 事 業 （ 小 売 業 等 ）	⑧	(付表5-2の⑧X欄の金額)			並 〃	〃
第 三 種 事 業 （ 製 造 業 等 ）	⑨	(付表5-2の⑨X欄の金額)			並 〃	〃
第 四 種 事 業 （ そ の 他 ）	⑩	(付表5-2の⑩X欄の金額)			並 〃	〃
第 五 種 事 業 （ サ ー ビ ス 業 等 ）	⑪	(付表5-2の⑪X欄の金額)			並 〃	〃
第 六 種 事 業 （ 不 動 産 業 ）	⑫	(付表5-2の⑫X欄の金額)			並 〃	〃

(2) (1)の事業区分別の課税売上高に係る消費税額の明細

項　　　目		旧税率分小計 X	税率6.24%適用分 D	税率7.8%適用分 E	合計 F (X＋D＋E)
事 業 区 分 別 の 合 計 額	⑬	(付表5-2の⑬X欄の金額) 円	円	円	円
第 一 種 事 業 （ 卸 売 業 ）	⑭	(付表5-2の⑭X欄の金額)			
第 二 種 事 業 （ 小 売 業 等 ）	⑮	(付表5-2の⑮X欄の金額)			
第 三 種 事 業 （ 製 造 業 等 ）	⑯	(付表5-2の⑯X欄の金額)			
第 四 種 事 業 （ そ の 他 ）	⑰	(付表5-2の⑰X欄の金額)			
第 五 種 事 業 （ サ ー ビ ス 業 等 ）	⑱	(付表5-2の⑱X欄の金額)			
第 六 種 事 業 （ 不 動 産 業 ）	⑲	(付表5-2の⑲X欄の金額)			

注意　1　金額の計算においては、1円未満の端数を切り捨てる。
　　　2　旧税率が適用された取引がある場合は、付表5-2を作成してから当該付表を作成する。
　　　3　課税売上げにつき返品を受け又は値引き・割戻しをした金額（売上対価の返還等の金額）があり、売上（収入）金額から減算しない方法で経理して経費に含めている場合には、⑥から⑫欄には売上対価の返還等の金額（税抜き）を控除した後の金額を記載する。

(1／2)　　　　　　　　　　　　　　　　　　　　　　　　　　　　　　　(R1.10.1以後終了課税期間用)

(3) 控除対象仕入税額の計算式区分の明細

イ　原則計算を適用する場合

控除対象仕入税額の計算式区分		旧税率分小計 X	税率6.24%適用分 D	税率7.8%適用分 E	合計 F (X+D+E)
④ × みなし仕入率 (⑭×90%+⑮×80%+⑯×70%+⑰×60%+⑱×50%+⑲×40%) / ⑬	⑳	(付表5-2の⑳X欄の金額)　円	円	円	円

ロ　特例計算を適用する場合

(イ) 1種類の事業で75%以上

控除対象仕入税額の計算式区分		旧税率分小計 X	税率6.24%適用分 D	税率7.8%適用分 E	合計 F (X+D+E)
(⑦F/⑥F・⑧F/⑥F・⑨F/⑥F・⑩F/⑥F・⑪F/⑥F・⑫F/⑥F)≧75% ④×みなし仕入率(90%・80%・70%・60%・50%・40%)	㉑	(付表5-2の㉑X欄の金額)　円			

(ロ) 2種類の事業で75%以上

控除対象仕入税額の計算式区分		旧税率分小計 X	税率6.24%適用分 D	税率7.8%適用分 E	合計 F (X+D+E)
第一種事業及び第二種事業 (⑦F+⑧F)/⑥F≧75%	④× (⑭×90%+(⑬−⑭)×80%)/⑬	㉒	(付表5-2の㉒X欄の金額)　円	円	円	円
第一種事業及び第三種事業 (⑦F+⑨F)/⑥F≧75%	④× (⑭×90%+(⑬−⑭)×70%)/⑬	㉓	(付表5-2の㉓X欄の金額)			
第一種事業及び第四種事業 (⑦F+⑩F)/⑥F≧75%	④× (⑭×90%+(⑬−⑭)×60%)/⑬	㉔	(付表5-2の㉔X欄の金額)			
第一種事業及び第五種事業 (⑦F+⑪F)/⑥F≧75%	④× (⑭×90%+(⑬−⑭)×50%)/⑬	㉕	(付表5-2の㉕X欄の金額)			
第一種事業及び第六種事業 (⑦F+⑫F)/⑥F≧75%	④× (⑭×90%+(⑬−⑭)×40%)/⑬	㉖	(付表5-2の㉖X欄の金額)			
第二種事業及び第三種事業 (⑧F+⑨F)/⑥F≧75%	④× (⑮×80%+(⑬−⑮)×70%)/⑬	㉗	(付表5-2の㉗X欄の金額)			
第二種事業及び第四種事業 (⑧F+⑩F)/⑥F≧75%	④× (⑮×80%+(⑬−⑮)×60%)/⑬	㉘	(付表5-2の㉘X欄の金額)			
第二種事業及び第五種事業 (⑧F+⑪F)/⑥F≧75%	④× (⑮×80%+(⑬−⑮)×50%)/⑬	㉙	(付表5-2の㉙X欄の金額)			
第二種事業及び第六種事業 (⑧F+⑫F)/⑥F≧75%	④× (⑮×80%+(⑬−⑮)×40%)/⑬	㉚	(付表5-2の㉚X欄の金額)			
第三種事業及び第四種事業 (⑨F+⑩F)/⑥F≧75%	④× (⑯×70%+(⑬−⑯)×60%)/⑬	㉛	(付表5-2の㉛X欄の金額)			
第三種事業及び第五種事業 (⑨F+⑪F)/⑥F≧75%	④× (⑯×70%+(⑬−⑯)×50%)/⑬	㉜	(付表5-2の㉜X欄の金額)			
第三種事業及び第六種事業 (⑨F+⑫F)/⑥F≧75%	④× (⑯×70%+(⑬−⑯)×40%)/⑬	㉝	(付表5-2の㉝X欄の金額)			
第四種事業及び第五種事業 (⑩F+⑪F)/⑥F≧75%	④× (⑰×60%+(⑬−⑰)×50%)/⑬	㉞	(付表5-2の㉞X欄の金額)			
第四種事業及び第六種事業 (⑩F+⑫F)/⑥F≧75%	④× (⑰×60%+(⑬−⑰)×40%)/⑬	㉟	(付表5-2の㉟X欄の金額)			
第五種事業及び第六種事業 (⑪F+⑫F)/⑥F≧75%	④× (⑱×50%+(⑬−⑱)×40%)/⑬	㊱	(付表5-2の㊱X欄の金額)			

ハ　上記の計算式区分から選択した控除対象仕入税額

項　　目		旧税率分小計 X	税率6.24%適用分 D	税率7.8%適用分 E	合計 F (X+D+E)
選択可能な計算式区分(⑳〜㊱)の内から選択した金額	㊲	(付表5-2の㊲X欄の金額)　円	※付表4-1の④D欄へ　円	※付表4-1の④E欄へ　円	※付表4-1の④F欄へ　円

注意　1　金額の計算においては、1円未満の端数を切り捨てる。
　　　2　旧税率が適用された取引がある場合は、付表5-2を作成してから当該付表を作成する。

(2／2)

【著者略歴】

辻　　敢　昭和12年生。同38年早稲田大学政治経済学部経済学科卒業。同41年公認会計士登録。同42年税理士登録。辻・本郷税理士法人会長、等。
著書「簿記を知らない人のための決算書入門」「簿記入門」（共著）（共に中央経済社）、「決算書を読む」（有斐閣）、「決算書入門」（共著）（日本経済新聞社）、「会社幹部のための決算書の読み方」「法人税入門の入門」「相続税・贈与税入門の入門」（共著）（共に税務研究会）他多数。

本田　望　昭和24年生。同50年慶応義塾大学経済学部卒業。同61年税理士登録。公認会計士　辻会計事務所（辻・本郷税理士法人）で実務経験を積み、平成19年12月、本田　望税理士事務所を開設、現在に至る。
本田望税理士事務所
〒100-6208 東京都千代田区大手町1—5—1 大手町ファーストスクエア
　　　　　　　イースト４階
ＴＥＬ：03-5219-1290

齋藤雅俊　昭和26年生。同48年明治大学商学部卒業。同55年税理士登録。公認会計士　辻会計事務所（辻・本郷税理士法人）で実務経験を積み、平成17年1月、税理士 齋藤雅俊 事務所を開設、現在に至る。
税理士 齋藤雅俊 事務所
〒216-0004 神奈川県川崎市宮前区鷺沼1—2—7—1001
ＴＥＬ：044-870-7088

消費税入門の入門

平成 4 年 5 月15日　初　版第 1 刷発行　　　　　　（著者承認検印省略）
令和 6 年 3 月15日　改訂十版第 1 刷発行

Ⓒ　著　者　　辻　　　　敢
　　　　　　　本　田　　望
　　　　　　　齋　藤　雅　俊

発行所　　税　務　研　究　会　出　版　局

週刊「税務通信」「経営財務」発行所

代表者　山　根　　毅

〒100-0005
東京都千代田区丸の内 1 － 8 － 2
鉄鋼ビルディング
https://www.zeiken.co.jp/

乱丁・落丁の場合は、お取替えします。　　　印刷・製本　奥村印刷（株）

ISBN978-4-7931-2812-7